在中国生活和运动

[英]奥利弗G.雷迪◎著

马成昌◎译

中国文史出版社

出版说明

　　1840年，鸦片战争打开了中国闭关锁国的大门，大量外国人来华，或居住，或经商，或考察，或传教，或工作。他们中的很多人记录下了在华的经历和所见所闻所感。

　　翻阅这些浸染着岁月沧桑的文字，我们可以看到从一个别样的视角描述的中华辽阔的大地、壮美的山河、悠久的历史，当然，还有贫穷落后的社会和苦难深重的人民。我们选择其中"亲历、亲见、亲闻"性的文字及历史图片资料，比如裴丽珠女士的《北京纪胜》、利特尔先生的考察记《穿越扬子江峡谷》、乔斯林勋爵的《随军六月记》等等，编辑本丛书，以期为了解、研究近代中国提供助力。

　　这些异域的作者，由于不同的文化背景与生活背景，在给我们带来观察、审视近代中国别样角度的同时，也或多或少失之因缺乏对中国社会历史文化的深刻了解而产生误会与误读，甚至是偏见。虽然，本丛书重在采择"亲历、亲见、亲闻"的叙述性文字，对整章整节等大量议论、评价类文字进行了删节，但作者的观点和情感常常是渗透在文章的字里行间的，请读者在阅读过程中予以注意。

此外，有些作品中的地名、人名是作者根据当地百姓的口语发音记录下来的，时至今日已不可考，所以在翻译过程中只能根据语音翻译，特此说明。

编者
2018 年 8 月

前言

英国公众之所以不能理解发生在中国的事情，原因在于缺乏亲身体验，而这种体验只有在这个国家居住过后才能获得。

在这本小书中，我呈现给读者的是我见闻的梗概，告诉他们住在中国的欧洲人的生活状况——娱乐、工作，以及每天感兴趣的一些事情。当代中国社会犹如一本让人着迷的大书，每天都有很多报纸、杂志和学术著作在报道它的故事。而我这本小书，读者可以把它当作中国这本"大书"的一个序言。

在这里，我仅浅显地陈述一些事情，并无意深入探讨远东地区的一些复杂问题。尽管如此，这本书可能也会引起中国问题专家的关注，在此希望各位专家能对本书提出宝贵的意见。

中国这个拥有千百万劳苦大众的庞大帝国，是一个文明且历史悠久的国家，其源头比西方历史的黎明还要早很多年。它的生活方式和风俗习惯已经深深融入这个民族的机体中，并沉淀为其民族性格的一部分。那里有肥沃的平原、荒芜的沙漠、高耸的山峦、奔腾的河流、酷暑和严寒、致命的洪水、残酷的饥荒和令人憎恶的传染病，这一切总会引人思考，并促使他去追问："欧洲打算在这里做什么？""她是希望征服这里？还是改变这里？抑或是净化这里？”

　　在这个国家居住了十二年后，我真正感受到，这个国家可能被列强用武力征服。事实上，她已经被征服了，尽管不是通过军事手段。但中国反过来也将缓慢地征服那些西方入侵者。另外，如果这种态势得不到抑制，她将会通过廉价劳动力和不懈的辛劳去征服邻国。

　　在这里我要衷心感谢如下这些朋友：T．蔡尔德夫人、T．T．H．弗古森、A．J．E．阿伦、卡洛斯·卡波拉尔与已故的H．霍尔先生。

目录

第一章

在华英国人的生活

对大多数国内的英国人来说，我们这些在华英国人的生活，就像一本密封的书。如果他们认真思考这个问题，肯定会对中国产生各种偏见，因为他们对这里生活环境全然无知，压根不知道中国也有高温酷热的天气，而且满脑子都是中国战乱不止的想法。

"到中国去"这个想法总会让人吃惊，大家都会认为这是一个轻率的决定。人们常常会问一些问题：我们是否用筷子吃东西、那里是否总是热得令人难以忍受，我们是否喜欢中国人。在被问到这些老套的问题时，我总有一种厌恶的感觉，就像碰见一个讨厌的怪物一样。

早期，我们在广州与中国人做生意时，其中有一项特别的生意，就是经营从印度运过来的鸦片。由于中国政府敌视英国商人，反对他们把鸦片卖给中国，所以争端不断，从而导致了1840年至1842年的鸦片战争。战争的结果是我们得到了香港这个贫瘠的小岛；同时还迫使中国开放了包括广州和上海在内的五个通商口岸。在这些通商口岸中，海岸线往里约半英里的土地都是外国人的专属居住地，而且住在那里的大多都是英国人。然而事情并没有到此结束。20年后英法联合进攻中国，又要求外国公使能常驻北京，要求中国进一步开放通商口岸、开放外国人在中国领地的居住权。

这两次战争之后，中国与列强还签订了一系列其他条约。这些条约只是一些补充条款，不过通过它们中国开放了更多的通商口岸，一些毗邻口岸的土地使用权也得到了承认。我们在中国的超然地位，正是这些条约积累的结果，它们也保证了我们的在华特权——欧洲人无论有什么不端的行为，只能交由自己国家的领事来处置。

中国现在大约有30多个通商口岸，大部分口岸内都有外国人的居住点或租借地。尽管名义上是从中国政府那里租来的土地，但其中一些港口从来都没有被外国人利用过，也没有外国人在那里搞开发建设。这些通商口岸都是大英帝国"不可分离"的一部分，那里非常干净，也很有秩序，且不允许中国人居住，所有的欧洲人都可以在那里安全舒适地生活。

来华的居民中有一位英国领事，他代表英国政府与中国政府和其他外国官员交往，并且是本国居民的法官。还会有一个英国医生在各处行医，不过他一般不去几个小的口岸。

通常情况下，这些租借地四周都建有围墙，夜间会锁上大门，以防止当地居民进来。这些地方都修建了良好的排水系统，修筑了宽敞的道路，安装了明亮的路灯；在水边风景宜人的地方设置了公共座位，种植了树木，还建了带花园的漂亮房子。这些地方会有一个教堂和很多俱乐部，俱乐部里会有台球桌和许多从西方引进的奢侈品；这些地方还会有一个管理本地事务的市政委员会；一个由当地警察或印度锡克人组成的警察局，他们在英国人的监管下负责维持街道的秩序。

像其他一些国家，特别是法国，也有类似的定居点，但数量不多，在这里我所说的仅是我们国家的定居点。

港口或码头上经常停泊着一些被废弃的大船，它们通过一排浮舟与海岸相连。这些大船曾经是上等的远洋轮船，但现在已经破旧不堪了。人们把它们拆除后作为浮动仓库来使用，来港的轮船可以靠在边上下客和卸货。在其他一些地方，一些大船停泊在河中央。在这些大船和废弃大船之间有很多码头，运货的船只在它们之间不停地往来，一群吵吵闹闹的苦力则负责装卸货物。

海滩上挤满了本地帆船，它们只悬挂半旗，以表示船中有木柴、大米、煤炭等商品正在出售。

经领事允许，租界或外面的中国居住点里，有两三家由中国人、帕西人或日本人经营的日用品商店和肉铺，这主要是为了给外国人提供食品、面包、肉类和其他日常生活必需品。

因为这里的欧洲人很少，所以大家彼此间都很熟悉。大家几乎都是随身不带现金，买任何东西时只用签一份欠条就可以，上面写有你花费的银圆或零钱的数额。比如，在俱乐部里，你叫了两杯雪利酒和一杯竹酒（半杯雪利酒与半杯苦艾酒混合），这时服务员会拿来这些东西和一个已经写好的商品清单，经检查确认无误后你只需签名确认即可，月末你付过款后就可以把它撕掉了，然后就再也看不到它了。

又比如，碰上在教堂做奉献仪式需要捐款的时候，铅笔和纸就放在教堂周围，方便会众写下捐款的数额，写好的字条会被折起放进口袋里。第二天，教堂的苦力就会把字条送到你家里，通知你付钱。这种写欠条的方式虽然方便，但也有一个陷阱，因为签一个欠条很容易，而且金额看上去要比付现金少，但当每月的总钱数出来以后，你一定会认为弄错了。唉！但仔细核对以后才真正发现，你签的字总比你想象的要多。

欧洲人普遍使用银圆，虽然以前的估价是五先令，但现在的价值大约是一先令又七便士。而其他的硬币还有面值为50、20、10和5分的零钱，以及1分和2分的铜板。

一般情况下，中国使用的标准货币是铜钱。一枚铜钱大约值一先令，其价值相当于法新①的八分之一。每枚硬币的中心都有一个方孔，大小足以容纳一根粗线。通常是先把100枚钱穿成一捆，每捆的大小、形状和一根香肠差不多；然后再把这十捆钱穿在一起。这样1000枚钱就相当于10根香肠了。这条绳子上的钱大约相当于半顶皇冠，由于它太沉了，通常都吊在肩上。

发音和"传说（tale）"一样的"银两（tael）"，根本不是一枚硬币，而是一盎司的银子。银两有很多种，每种银两都以其纯度或成色来估价，而它的纯度则决定于银矿的品质。

当一位中国人向一位欧洲人出售本地产品时，他总是牢牢记住它的实际价格，然后给出一个与美元或银两相对应的价格，而不管白银的价格是多少。各类交易换算也都按这样的方式进行，每一笔交易的要价都是根据个人的估值而定。

中国的整个货币体系非常混乱，而且被很多当地的银行搞得很复杂——它们都有自己的纸币在市场上流通。在交易过程中，由于汇率会有波动，可能会造成一些损失。欧洲人除美元和美分以外，很少用其他货币，因为它们有其特定的价值标

---

① 英国旧时铜币，相当于四分之一便士。——译者注

准。英国人在一些租借地上已经建成了自己的小城镇。这些城镇自建成以后获得了很大成功，现在规模开始扩大且经济也在不断增长。但另有一些租借地，在经历过最初的繁荣之后就停滞不前了，似乎正逐渐回到中国人手中。它们不仅允许大量中国人在租借地上居住，而且允许他们在那里拥有财产。这显然违反了条约规定。

上海位于长江口附近，大约有六七千名外国人居住在这里。它非常繁华，是中国北方通商口岸中的一个大城市。这些口岸通常被称作"外埠"。而英国的殖民地香港，在南方的地位与上海在北方的地位一样。

几乎所有外埠都可通过电报与上海或香港相联系，并通过这两个地方与外界进行沟通。邮政服务则是通过来往于两地的客船和货船来完成。这些轮船在这两个商业中心都设有集散地。因此，无论你住在哪个港口，你都可以与另一个港口沟通思想和进行商业往来。从它们那里来的报纸，也许在发行几天后才能到，但对于那些住在偏远地方的人来说，它仍然是新鲜的读物。从它们那里会驶来很多炮舰，除了保护我们外，这些炮舰还带来了众多欢快的海员——他们是到这里来度假的，以及带着各种帽子、靴子、枪支、衣服和其他必需品的商人。对我们来说，到这两个地方就等于回家。这两个度假圣地为我们提供了舒适的物质环境；通过它们就像透过窗户一样，可以看到外面的世界。

无论是上海还是香港，都有很多带有西方风格的东西，如美丽的洋房、电灯、漂亮的道路、马匹和马车，以及公共花园里的乐队和随时都能收发的电报。因此，外埠的生活虽然有时很单调，但往往更有趣，因为无聊的情绪会被外国社会中的一些乐趣所掩盖，而且你还可以近距离接触中国的一些事情。所以，如果在太阳底下打量这个古老而有趣的民族，她还是有许多吸引你的地方。另外，这里有许多户外运动和生活设施，即使是最挑剔的人，对此也会感到很知足。

从最北边到最南边，从东部海岸到最贫穷的西部，也就是沿着整个海岸线上溯一千四百英里，从长江再延伸至重庆，英国企业就像藤壶一样附着在中国这个庞大的有机体上，支配着她与其他国家的巨大贸易。而外埠则像东方"异教徒"沙漠里的那一片片清澈的绿洲。对有三五百欧洲人居住的地方来说，路经此地的船只非常重要，那是他们生活补给的重要来源。

在这小小的殖民社会中，生活是快乐还是单调，主要取决于居住者自身。几乎每个离家来此的人，都是同伴中的佼佼者。他们都有过人之处，要么有商业头脑；要么体格健壮能够忍受极端气候的考验；要么聪明过人，能在激烈的竞争中得到大家的认可；或是集这些优点于一身。不管怎样，他们都是出类拔萃的精英，也有迷人的人格魅力。

一方面，许多这样的人聚集在一个小地方相互合作成了朋友，如果他们的妻子和孩子也都来到这里，这就更好了。另一方面，由于他们个性鲜明，彼此还是商业竞争对手，所以可能会争吵。在这种情况下，最好是放弃所有的社交和乐趣，只关心自己的利益。如果你到一个彼此之间关系不太融洽的外埠口岸，短时期内，你会觉得挺有意思。但是时间一长，在发生争吵之后，特别是在雨季阴沉潮湿的天气里——因为太潮湿而不能外出——生活就会变得非常单调无聊。因为生活空间非常有限，你每天不得不和一些脾气暴躁或者献媚讨好的人打交道。

这样的生活不是单调就是令人烦躁。社区里的大多数人都嫉妒心强、性格高傲，每天只关注一些鸡毛蒜皮的琐事。越来越多的人会离开口岸，做礼拜的人也减少了。夜晚在岸边树下的漫步，也好像从一个愉快的家庭聚会，变成了像一场葬礼上的集会，定居点慢慢就会失去其原有的生机与活力。

而在一个彼此之间关系融洽的外埠口岸，就会与上面的情况形成鲜明的对比。那里的人们聚在一起，相互之间热情以待，人们都觉得自己是同一个大家庭里的成员。在那里，你可以随便走进邻居家，抽着雪茄，喝着威士忌，躺在阳台的长椅上，悠悠地荡着秋千，懒洋洋地挥着小扇子等着主人归来。令人愉快的是，在类似的情形下，你的朋友也会这样待在你的房间里。这才是你想在外国生活的真正魅力。那些美丽的黄昏，柔和而温暖的空气，满圆的月亮，这是我在英国从来没有见过的景色。我们一群人把船停泊在湖面上，在凉爽的风中进餐；回程中有雪茄和咖啡，回家的路上也有歌声相伴。这一切让我们忆起了往昔时光，那月光如水的湖面上记载了我们甜蜜但又伤感的情怀。

每年春季和秋季都有件最重要的事情——赛马。

许多通商口岸都有一个比较好的赛马场。赛马场通常是圆形的，赛道周围还有一些娱乐设施。几乎每一个人都会训练一两匹小马。在这里赛马，即便他因某事大发雷霆，也不必担心会因此而惹恼英格兰纽马克特跑马场的大亨。在赛会举办的几个星期前，越接近比赛情绪会越紧张。大家谈论的纯粹是马的事情，除非不赛马的人不愿意讨论这个话题，但没有人会大胆地说夺标热门马匹的坏话。俱乐部的赛马也会引起赌徒的强烈兴趣。当自认为了解实情的人参与到赛马赌博游戏中时，结果却只会让他们变得越来越糟。因为人们明白，和这些傻子玩并没有多大乐趣，因为对他们来说，比赛结果主要是靠运气。

一般是前两天比赛，第三天休息。比赛期间，所有的买卖都停止营业，大家都盛装参加盛会。上午 11 点左右，女士们会被热情的主人用普通车辆带到赛场。在那里，人们都相互认识，赛马的名字大家也都耳熟能详，而且赛马的优缺点也是公开的秘密，就连骑手也都是大家的朋友。天气晴朗温暖，女士们穿着漂亮的衣服；来自港口炮艇上的士兵们负责维持秩序；赛场的鼓、长笛乐队或黑人剧团各具特色。在比赛中获胜的马主和骑士会被抬起来，被高高举起扛到大本营后面的吧台上。在那里，无论是赢家还是输家都会获得一杯香槟，而这杯香槟则由主人买单。主人开香槟祝大家身体健康，并恰如其分地表达刚刚取得胜利的喜悦心情。

美味的香槟午餐是在大看台上举行的，由一些有威望的社区公职人员主持，并说些祝酒词。休会的时候你可以到周围去散步、吸烟。主持人最后会提醒大家注意下午的比赛。

通常先进行赛马，然后女士们和骑手们一起到河边参加聚会。最后人们穿过平原飞奔至家，或者沿着海滩在海水中骑马缓缓而行。

对于运动员来说，运动的快乐程度与场地的大小有关。没有一种游戏比在春天的某个下午去狩猎，或是与志趣相投之人结伴外出一段时日更有趣。

在夏天的几个月中，网球是人们最喜爱的娱乐运动。几乎整个社区的成员都聚在一起开花园派对。无论是在俱乐部的球场里还是在私人住宅里，除了打球的人，那些不玩儿的人可以一边吃着冰激凌和茶点，一边观看比赛或聊天，也可以在树下安静地吸烟着烟观看比赛。

许多地方的草坪都很好，但有一些地方的草坪不好，因为上面堆着一些水泥或煤渣。

近几年来，高尔夫运动非常受欢迎，球场经常建在赛马场周边的空地上。因为高尔夫球场一般都太平坦，所以玩不出那么多花样儿。澳门附近有一些理想的场地，自然条件很好，风景也很美，是很棒的地方。

我们的高尔夫俱乐部在鼎盛期有六名成员，在衰败期只有两名成员。通常，我们大概骑自行车行驶三英里能到达球场，其中要穿过一段石路和一条危险的墓地，但到了目的地就可以在山丘和森林间呼吸新鲜空气了，这足以弥补辛苦旅行所付出的代价。

除了上海与香港一些发展比较好的大型俱乐部有赛艇运动外，其他地方很少有这种运动。

由于香港在海边，所以不适合赛艇，这是它的一个缺点。

上海有一个港口，以及一条营地大小的小湖，这两个水域可以提供足够的赛艇所需要的面积。俱乐部有两个极好的船坞和很多艘船。这些船都由上等材料制成。像其他地方一样，所有住在上海且关系很好的人，总会有一段时间聚在一起划船——尽管赛艇不是一流的。但如果轻型雪松船上的船员无法凑齐，则无法进行比赛。

大家的划船技术不好，一方面是因为训练的条件不好，另一方面是因为船尾不能拖一首船以便教练乘坐——使得教练只能骑行或在船边跟着跑。而在牛津或剑桥，船队则可以租用昂贵的汽艇。此外还有一个原因：初学者很少能够得到经验丰富的教练的指导，只能通过自己刻苦训练来提高水平。我认为俱乐部应该在小湖里开辟一个赛道，让选手接受专业训练一两年，并就此把这项运动变成一种传统，让这种传统一直能延续下去。

在上海这样一个与其他划船中心隔绝的地方，划船技术并不十分重要，但参加俱乐部无疑是锻炼身体的最佳途径之一，年轻人尤其需要这种户外运动。因为在现在这个由男性主导的社会，聪明的大脑和强大的体魄同样重要。

如果与附近的小山丘相隔不远，人们就会在上面盖个小房子。在炎热的天气里，大多数妇女、孩子都会去那里避暑；当生意不忙的时候，男人们也会去那里。离海边四五英里处有一个小岛，上面建了一些小平房，那里从来都不热。到了晚上，洗完澡在沙滩上漫步，或与领航员一起在破旧的堡垒旁眺望远方，都令人心情愉悦。在那里，你可以看到灯塔里的光线在远处的海面上闪烁。当蒸汽船从塔下通过时，你还可以看到船上的灯光，并且能听到螺旋桨那有节奏的旋转声。九江附近的牯岭有一个疗养院。牯岭是一座海拔约4000英尺的高谷，位于庐山的一侧，俯瞰着长江。它的另一侧是鄱阳湖。这个山谷在几年前还不为欧洲人所知，但现在那里已有了一个乡村小镇，大概有150间设备齐全的平房——用就地开采的石头建成，那里有教堂、商店、洗衣房和公路。

当你在平原上经历了长时间的酷热而感到疲惫的时候，去这个度假胜地旅行是一件非常惬意的事。因为那里的天气始终很凉爽，白天需要穿上轻便的花呢，晚上睡觉则需要盖上毯子。那里山峦秀美，流水潺潺，水晶般清澈的水流是人们休闲沐浴或钓鱼的好地方。

我永远都不会忘记那美妙的一天。当时我带着两个朋友到山脉的另一边去观赏鄱阳湖。我们在回程的路上，看到了非常壮观的景色。落日的余晖闪烁着五彩斑斓的色彩，播洒在我们头顶飘动的薄雾上，播洒在随我们移动的景致上，播洒在山崖上、湖面上，在每一处都展现着超凡的美景。

乘汽船到九江后，你需要雇一个四人抬的轿子，上山要走10英里到12英里的路，另外还要雇用苦力来搬运你的行李。这条路虽然路况良好，但路面只有普通乡间道路的一半宽，最后几英里的某些地方还非常陡峭。在有些地方，道路就悬在巨大的山谷上，你在那里会本能地抓住轿子的扶手，心里祈祷着轿夫千万可别摔倒了。

很多人在夏季会去北方的烟台、威海和北戴河这些沿海的地方；而其他人则希望去人间仙境——日本，或坐船去加拿大玩一圈再回来。

庐山的房子一般都很大，里面的房间也很好。我们可以尽情地载歌载舞。由于夏天很热，或大家都不来常住，所以里面的装修都很简陋。但是仆人们的服务很周到，也很热情，而且能陪我们跳舞。

客厅很干净，空间很大，可以举行12人或14人的宴会。这样，当有更多的朋友来到这里的时候，晚上娱乐时就可以轻松地多跳上几支舞。

我曾光顾过一个小型舞会，很长时间内只有一位女士，她自然会被认为是这里的美女。还好，又出现了一个竞争对手，这个竞争对手还带着两个漂亮的未婚姐妹。于是我与同桌的朋友就有了机会，高兴地和她们即兴跳了一支舞。

当我们收拾了餐厅准备跳舞时，发现地毯太旧了，上面还钉着钉子，根本拿不开，于是我们就决定在它上面跳舞。

后来我们用手风琴演奏音乐的时候，门廊上的横梁就开始猛烈颤动，摇晃得很厉害，餐具柜上的玻璃都被震碎了，墙上的装饰也掉了下来。地毯显然是好几年没洗了，上面的灰尘像云彩一样升了起来；再加上晚上那令人窒息的闷热空气，我们简直喘不过气来，于是不得不跑到花园里避难。幸运的是，那是一个美丽的月圆之夜，所以我们把舞蹈变成了捉迷藏游戏。那是我度过的一个非常愉快的夜晚。

每年一次的外埠舞会，会让每个人都兴奋数周。由于这个社区的人来自世界各地，所以必须考虑周到。要让每个国家都有代表参加社区委员会，以免无意之间冒犯他人。

委员会决定所有事项，包括决定邀请参加舞会的人选。然而，有些人总是希望所有人都能参加，无论他们的身份如何；但另一些人则希望只让精英阶层参加。无论如何都会产生摩擦，有时争执得还很激烈。

为了准备舞会，很多女士都会来帮忙。一些人负责装饰舞会，一些人负责晚餐，还有一些人则在合适的地方摆蜡烛，并将钢琴安放在合适的位置上。演奏音乐的人通常是一些业余爱好者，而不是专业的乐队。

在热烈讨论和精心准备之后，重要的夜晚终于到来了。虽然客人们聚在一起常常会显得有些紧张，却都愿意享受这里的美好时光。

舞会中男人居多，所以会请一些 14 岁到 40 岁之间各年龄段的女人来参加舞会。不仅让她们帮着准备舞会，还会让她们事先排练一个完整的舞蹈节目。

那些找不到舞伴的人都是不想跳舞的人，整个晚上要么玩牌，要么偶尔来舞厅看一看。

晚餐总是非常丰盛，不是像在家里一样随便准备的。聚会也非常热闹。可以说在这里，那种年轻人身上才有的热闹劲，也会在年纪大的人身上看见。人们可以在这里开心地玩一两个小时，再赞叹一下菜肴的美味。其实，在女士们全部离开之后，一些单身汉和性格豪放的已婚男士常常会开怀畅饮。所以，姗姗来迟的乐队所演奏的"他真是个热情的好小伙"有点跑调并不为怪，这些人常常是天亮之前才回家。

在北京、香港和上海，经常会举行舞会，规模与国内节日庆典时的舞会相当。

俱乐部是一个很受欢迎的地方。社区中来自不同国家的男人们经常聚在那里一起打台球和聊天，在那里还可以找到国内和当地的报纸，以及很多书籍和杂志。在茶季晚餐的时候，我数了一下，汉口俱乐部酒吧里的人居然来自14个不同的国家。

我喜欢那些在俱乐部中举办的友好聚会。在那里我们讨论世界各地的体育赛事和其他话题。一个人通常会受邀去吃饭或邀请别人来吃饭，通常还会随身带着一副扑克牌。

那里还有一个美国人经营的保龄球馆。无论是在寒冷的夜晚还是在炎热的夏天，我们总去那里。我们会把一个巨大的木球从一个20码长的轨道上滚下，打散底部的九个球瓶。通常我们分成两组比赛，一组三到四个人，失败者支付费用并提供点心。

中国幅员辽阔，几乎包括了每一种气候类型，但总体来讲，夏天温度都比较高。冬天，北方省份的气候与北极的气候很像。那里海水封冻，所有船只都停航六周到两个月。纬度较低的一些地区则暖和一些，很少看见雪和霜，而在一些亚热带地区则从来不下雪。据说许多年前广东降过一场雪，人们以为这是一种棉花，还把它藏在瓶子里保存起来。

在七八九月的长江流域，白天与夜晚的酷热几乎让人无法忍受。早上醒来会发现，你整晚上睡觉时都在不停地打蚊子，真是折磨人。卧室里的温度计显示的温度是 32 摄氏度，你会问自己，"我能再坚持一天吗?"当你爬到阳台上时，已汗流浃背。你困难地呼吸着空气看日出，虫子嗡嗡作响，到处都是焦灼的气味，鸟儿无精打采地蹦跶着，大口地喘着粗气。躺在草地上睡觉的苦力们不停地扇着风。太阳像火炉一样升起，这时你必须撤回房间以避免中暑。

日间温度逐渐上升，甚至超过 37 摄氏度。你会感到眼睛干涩，耳朵轰鸣，这对多大年龄的人来说都非常危险。因炎热而中暑是很常见的事情。

晚饭后，有人把长椅子拿到外滩上。人们安静地聚在那里，只露出几个灯芯和几个发光的烟头，这里几乎没有一点儿清新的空气，非常闷热。看着天空的闪电，很希望突然下一场暴雨来驱散这种闷热的天气。

我记得在九江时，每天的气温高达 38 摄氏度，持续了近三周，最高竟然达到了 42 摄氏度。在夏天快结束的时候气温降下来了，我终于没被热死。

当天气太热不能睡觉的时候，我经常打牌并一直玩到凌晨三点。在楼上阳台空气干爽的地方——那里可能会有微弱的灯光，还有可随意享用的雪茄、威士忌和冰镇苏打水。我们会脱下白色夹克，使自己凉快些。坐在忽明忽暗的蜡烛旁，汗衫已经湿透。我们光着头，光着膀子，穿着短裤，一副赌徒孤注一掷的表情。一般每局的赌注为 25 美分，各种零钱堆在一起，即便惨败损失也不会太严重。

这个地方的冬天和英国的冬天很相似，只是时间更短一些，通常只有一些霜雪，偶尔也可以滑冰。

晚餐聚会是这里的主要娱乐方式，而且经常举行。菜肴通常都很丰盛。因为进口关税很少，所以各类葡萄酒都有，大都味甘醇美。

这时需要忍受一些大人物的夸夸其谈，虽然内心很讨厌，但我们得在这里做生意，没有办法。愉快的晚餐需要生动有趣的闲谈，只有这样晚宴才能顺利有趣地进行下去。

可能你会问，除了自娱自乐之外，这些在华的英国人还能做什么事呢？英国的汽船遍布整个中国海域，并且遍布从出海口到长江上游的宜昌这一千英里的航线上。他们控制着所有船只的活动，控制着各种产品和鸦片的进口与销售，控制着该国的茶叶、丝绸和其他产品的收购和出口，还负责寻找在政府中供职和提供各种服务的人，如代理人、商贩、官员和各阶层专业人士。因此，尽管身处异乡，我们也可以享乐，就如同国内那些富人一样。这种享乐的成本很低，从某种程度上讲，这是对我们所失去的快乐家庭生活的一种弥补。

第二章

仆人与商人

当你刚到外埠码头，走上汽船和码头之间的浮舟时，常常会有一个非常热情的中国人迎上前来并递上一张纸，上面写着：

我特此证明，轿夫老三是我用了八个月的男仆，他既诚实又热情。

汤姆·琼斯

这个中国人傻笑着，并用洋泾浜英语—— 一种你无法听懂的语言，叽里咕噜地说着什么。

这个中国人会接着说："好吧，七美元可以吗?"说完就走了。

当你到达住处时，你会发现这里有两三个更热情的当地人，也带着不知道偶然从哪儿借来的推荐信，他们也各自会说"我是非常好的男仆。"

因为外国人很少知道他中国仆人的真实姓名，这些推荐信就变成了宝贝。为了多挣点儿钱，这些人在找活儿的时候就会就把这些信传来传去。

你必须得有一个仆人。而当我正在选仆人的时候，我的一个朋友突然出现了。

"非常抱歉，老朋友，我没能在船上见到你。但轮船到得比预期早，所以我直接来这里找你；知道你需要一个男仆，我就顺便给你带了一个。我对他一无所知，但他说他人很好，而且这些仆人几乎都差不多。所以无论如何你先让他试试，如果不适合，再把他辞了。"

你还没来得及回答，门就猛地被打开了。你一直放在船舱里的行李已经由六个苦力用竹竿抬着放到地板上了。那个你在浮舟上见过的热情的中国人紧随其后，还背着你的太阳帽、伞和手杖。他立刻给了苦力工钱，然后解开毯子和箱子，开始整理房间。

朋友说："哦，我不知道你一直带着男仆"，接着便聊起了其他事情。

令你感到高兴的是，你没有费任何力气，所有的行李就都被拿过来了；同样令你高兴的是，你可以使一个男仆免于失业。这样一来，老三便留在了这里，直到你有时间或愿意再去雇一个更好的男仆；但往往你没时间去找，也不愿意去找，实际上他已经非常称职了。

接下来的某一天，他会介绍一个厨师和并非你需要的两三个苦力，并解释说，这些人的性格都很好，他还能保证所有人都能做得很好。当然，你一定会接受他的推荐。然后，你的家务都由这个男仆来安排，无须你说一句话。一两天之后你突然想起来，工资的事儿还没有谈呢。

你会赶快给那个男仆打电话，经过简短协商，最后的结果是：他每月领取八美元，厨师十美元，苦力每人五六美元。这一切都是和男仆商量的，其他仆人完全不在场。实际上，我从他朋友那里得知的实际情形是：他们是按照老规矩，由他支付工资。厨师大概每月只得两美元，而苦力每人每月只得一美元。没经你的同意，这个厨师便让他的朋友去厨房当下手，可能叫"老二"。他的地位相当于厨娘，做洗碗盆、烧火和跑腿的事儿。他得到的报酬非常少，如果说有的话，那就是学会厨师的烹饪技术。你的房子现在井井有条了。并且在最初的一段时间里，在男仆的管理下一切都比较顺利。

几周后你会突然发现，日常花费不知为何越来越多，所以你要了解一下情况。

然而并没有什么严重的事情，任何可疑的小事都被这个男仆解释清楚了。但是不久之后，你又开始感到不安，想要查查每月的支出明细。

结果你会发现，你正在被彻底榨干！

仆人向你索要的很多小件物品的购买费用，比如灯芯、火柴、肥皂、蜡烛等物品，实际上根本用不了他所说的那么多，甚至用不了一半。此外，你所使用的东西的价格比成本价高很多。所有的本地商户和你的仆人都是同盟，而你也知道你被骗了，但却拿不出任何一点儿证据。因为如果店主或屠夫告诉你真实价格是多少，他将会失去很多生意。作为外国人的仆人，他们会用一些方法把这一习俗固定下来，并且到哪里都一样。

这个圈子里所有中国人，都把你当作生活和挣钱的工具。圈子里的所有成员都把你当作他们的猎物，并默契地结成同盟，互相配合，毫不费力地把你撕成碎片。如果你打算让一个中国人揭发另一个中国人，即使可能，也极其困难，尤其他是从外国人身上获利的时候，更是如此。

一个单身汉经营家庭的最好办法就是留出一笔钱，这笔钱应该足以应付每月的开支。如果他能把开支保持在这个数字以下那就更好了。如果他不能，而且超过了这个开支，他就应该削减各种开支以达到预期数额。争辩徒劳无益，因为谎言最终会被打破。

我听说一个单身汉每月挣 600 美元，但他仅能维持日常花销。过了一段时间后，他的生意不太好了，于是他把男仆叫来解释说，他每月只能花 400 美元了。仆人虽然拉长了脸，但生活质量至少没有改变。

后来，单身汉的生意变得越来越糟，开支不得不进一步减少到每月 300 美元。单身汉又告诉他的仆人，他最好能换一个工作。因为担心支出从 600 美元降到 300 美元后仆人难以维持生活。对仆人来说明智的做法就是找一份新工作，以免影响自己的生活质量。

但出人意料的是，男仆没有辞职，而且做得非常成功，经过精打细算生活水平和以前完全一样。

"男仆（boy）"这个词与个人年龄无关，可以指 16 岁到 60 岁之间的任何岁数，只是外国人称呼他们自己仆人的一个术语。

在英国家庭里，男仆的职责是做一些普通管家所做的事务，外加一些零活。

他负责管理其他仆人，通常还对他们的行为负责。他还负责支付当地商人的所有工资和账目，当然，他对这些人也进行剥削。他在餐桌旁伺候主人，接听电话，整理床铺，洗主人的衣服，这使他自己显得非常有价值。

通常，他会陪着主人去参加所有的晚宴，并站在旁边伺候主人。对一个男仆来说，这种做法很常见。在家里举行规模较大的宴会或舞会时，一个男仆往往不必过问主人，就会从另一个男仆所服务的家中借来所需要的东西。所以，当你去外面吃饭的时候，如同在自己家里一样：经常会用到自己的酒杯，自己的刀叉，在餐桌上也会看到自己的台灯，就连在桌旁侍奉你的人也是自己的仆人。

一位刚结婚的苏格兰人，从伦敦带来了许多精美的玻璃器皿来布置新家。在为自己和新娘举行的晚宴上，说完祝酒词后，他要求同伴们按照苏格兰高地的礼节把一只脚放在桌子上，另一只脚放在椅子上，并以这种方式把酒喝了。满杯酒被一口喝下之后，他把椅子踢到一边，接着说道，拿杯子喝酒只适合普通场合，并不适合这种神圣的场合，两三杯酒太平常太少了，然后开始大喝起来。他喝得踉踉跄跄，喝酒的器皿在墙上碰得粉碎，而其他的客人也毫不落后，跟着他狂饮起来。

他的男仆对这件事做了个较为温和的评论："这个主人简直太蠢了，他弄坏了七个新杯子。"

玻璃杯确实很漂亮，不过有些是在他不知道的情况下临时借来的。

如果房子里有什么东西丢了，男仆要负责任，应该弥补损失，虽然他很少这样做。可以想象，如果遇到一个严厉主人的话，他的工作并没有那么轻松，但这确实是有利可图且备受追捧的工作。

仆人之间相互保证彼此良好品行的连坐规则，是一项很好的安全措施。万一他们中的一个人有盗窃或其他不法行为，那么其他所有人都要负责任。如果发现了罪犯而没有揭发，他还可能会面临更为严厉的惩罚措施。不过，实际上即使人们无比愤怒，因为一些小偷小盗没法监督，也不可能重新雇人，只要少犯一些严重的冒犯之事，大家也都不在乎了。

中国人的这种连坐规则的适用范围非常广泛。比如如果罪犯被判有罪却逃跑了，那么官员能做的、经常做的事就是逮捕他的父亲、母亲、妻子甚至整个家庭成员，并把他们关押起来严刑拷打，直到逃犯投案自首。这就是家庭纽带的优势，这种连坐的方式几乎很少失败。

厨师的地位仅次于男仆，在其他仆人中是最重要的角色。他们的工作效率通常都很高，工作也十分出色，但必须要求他们讲究卫生。如果一个人想要好好享受自己的美食，最好永远不去厨房。

厨师也是一个很有油水的职位。除工资以外，厨房中购进的每一样东西他都能从中得到好处。此外，每餐剩下的饭菜，无论是半只鸡还是半个羊腿，厨师都有权把它们卖给当地餐馆，除非客人要的和这个不一样。厨师之所以能这样做，是因为天气太热，食物不尽快吃掉很快就会变质，而主人每顿吃的都是新东西。另外，由于肉、蛋、蔬菜等食品的价格较低，而且不是家里的重要食材，主人通常不会为每顿剩下的食物不见了而感到不快。

尽管厨师的中国菜做得很好，但外国人家里吃的都是西餐，所以厨师所做的西餐总是带有特别而奇怪的风格。西方女人们常常煞费苦心地训练她们的厨师，以提高他们的西餐厨艺。在中国，一顿丰盛的晚餐经常能够在家中全部做出来。当然，相反的情况也经常发生，但这也无法否定中国人有很高超的烹饪技术。

在英国，宴会必须提前几天安排，以便做一些必要的准备，而且几乎不可能在下午茶时间突然宣布将是八个人吃晚饭而不是两个人。

在中国这都不是事儿。

我经常五点钟从办公室回来，然后派人去跟厨子说："今晚将有八个人来吃饭，你能不能做好？"他的回答历来都是简洁的两个字："可以。"

厨房里立刻就热闹起来，不过场面并不混乱。我能感觉到，对于这些突然要求，厨子们并不抱怨和感到愠怒，做事时反而很快乐。"老二"马上奔赴市场，很快就带着鱼、排骨、鸡、蛋和水果返了回来。与此同时，厨师又把一两品脱的水倒进汤里，很快就把果酱布丁做好了。

七点钟你从俱乐部回来的时候，那个男仆已经规整地摆好了桌子，并用树叶和鲜花做了装饰。之后你摆完红酒和雪茄，换好衣服，到七点半把客人接过来的时候，晚餐已经准备好了。

我还记得发生在镇江的那些令人愉快的事情。

有一次，住在旁边的朋友邀我去吃晚饭。实际上在去的路上，我在花园里遇到了一个刚从上海坐轮船过来的老熟人，他特别想和我谈谈私事。而轮船将在两小时后离开，我的朋友不得不继续出发到汉口。没有别的办法，只好违约不去朋友家吃饭。我尽自己所能找了一个最好的借口，匆匆忙忙写了一张便条交给了我的厨师。我告诉他，晚餐我想吃排骨，他毫不犹豫地回答道："好的。"我去厨房的时候想着里面多多少少已准备一些东西了，但是到厨房一看，里面漆黑一片，没有任何生火的迹象，同时仆人们也都不见了。我回到朋友那儿，并跟他说要耐心等一等，所以我们在阳台上郑重地做了一席长谈，但在谈话就要结束的时候，男仆告诉我们可以开饭了。

跟着他来到餐厅，我惊讶地发现屋里已经变暖和了。汤已经端上了桌子，味道还很好；红烧鸟肉、丘鹬、羊排和冰激凌也都非常好吃，仆人把一切弄得都非常好。我打开了一瓶香槟，热情招待了这位朋友。

朋友不断称赞厨师的高超厨艺。我们一起抽着雪茄，喝着咖啡，聊着天。直到轮船响起了汽笛声——表明货物已经装完，这时他必须得走了。我送他走后就去了我旁边的朋友家，向她表达歉意，并且向她解释没能及时赴宴的原因。她很理解，马上就原谅我了。不过她的丈夫却遗憾地说道，我错过了正当季的红烧鸟肉、丘鹬和羊排。

我心中有点儿疑问，但故作镇定。第二天打听到的消息证实了我的怀疑。我们昨天晚餐的每一道菜，都和邻居家的一模一样。

男仆在家里的工作是擦洗地板、给地板抛光、生火、装饰灯具、清洗刀具和靴子这类家务。他不会讲英语，穿着一件比其他男仆衣服稍短的外套。相对于其他小工来说，他的薪水更高，工作更愉快，并拥有一个更值得信任的职位。

居民众多的楼院门口，通常都有一个门楼，看门的是一位老人，他负责防止坏人溜进屋子，防止他们偷走任何东西。太阳下山的时候他就回家了，守夜人会来替班，直到第二天太阳升起。守夜人要为整体安全负责，晚上不能睡觉，要时刻保持警惕。整个晚上有五个守夜人轮流值班，每隔两个小时他就去房子外面巡逻一圈，以确保安全。他巡逻的时候并不是不出声音，而是敲着竹竿，这样做的目的是让小偷知道他正在巡逻，以便把他们赶走。有时候为了给自己壮胆儿，甚至能听到他喊："我看见你了""我知道你是谁""我来了""看你害不害怕"等一些话。

荒唐的是，不会讲英语的他们这时口中可能也会蹦出几句英语来。然而夜贼还是很猖獗，尽管有时只是出于好奇才潜了进来。

中国是个行会盛行的国家。每一笔交易都掌握在一个特定的人群手中，他们联合起来对付所有插足这项事业的人。这里行会众多，比如有水上运输行会、算命行会、管道制造商协会，甚至还有一个盗贼行会。这个盗贼行会得到了人们的认可，所有住户都和它签有协议，大家努力使它成为一个防止盗窃的保险机构。所有的守门人和守夜人每月都会向这个行会支付少量费用，以确保在他们值班的时候不会发生偷窃事件。如果有时一些行会之外的人来偷窃，万一落入行会之手，可能会被立即处死。

我有一个朋友的工厂雇用了数百个苦力，他每个月都会给负责这个地区的小偷首领支付薪酬。这个小偷首领来办公室领工资的时候就像其他员工一样。但是，如果工厂在这个月里丢了什么东西，就会从他的"工资"里扣除相应的钱，直到东西被原封不动地送回来。

我曾经听说过这样一件事——被偷走的东西又被还了回来。有一家丢东西后，大门的守门人和守夜人就突然辞职了——一时也找不到顶替他们的人——到月底时，他们的行李也都被悄悄拿走了。小偷头头叫来两个仆人，通过恐吓要他们赔钱；同时，一些被偷走的东西也都被还了回来——安全又恢复了。

中国人把牛当作负重的牲畜，同时受佛教影响，所以很少有人杀牛以当作食物。尽管许多当地人吃牛肉，而且吃牛肉也很容易，但偏见仍然存在。同时这种偏见还影响到了牛奶和黄油——这两样东西都不是中国人的日常食品。由此人们很容易想到，欧洲人在确保这些日常必需品的充足供应方面，常常会有很大不便——好牛奶很难买到。本地老板认为，只要搞到牛奶就已对客户尽责了，因此会在牛奶里掺入很多水——为了更好地捞钱。在汉口，牛奶掺假的情况更厉害。我的一个朋友在早餐杯里居然发现了一条活鱼。为了证明我的观点，我买了一个检乳器，结果发现牛奶和水的比例是一比一。

　　牛奶中掺的水实在太多了。因此我把挤奶工叫来严厉斥责了一顿，并威胁说，如果以后不卖纯牛奶的话，我就去找领事严惩他。他严肃地说，检乳器检测出的结果不是真的，他没有往牛奶里掺水；如果我不相信他，他会把牛牵到厨房让我亲眼看他挤奶。

　　这似乎是一个办法。于是第二天早上我起得很早，亲眼看他挤奶。看完以后，我穿着睡衣，得意扬扬地提着桶，相信这回可以享用纯正的牛奶了。但这是不可能的！结果在测试完发现，水还是有很大的比例。但挤奶工已牵着他的牛满意地离开了。

　　我确信那个检乳器一定是坏了，于是向我做医生的朋友求教，他检查了一下，发现它非常好使。

　　如何协调这两种不一致的情况，这似乎是一个不可解决的问题。

　　经过几天的思考，我决定自己挤奶，这种事我小时候就做过。我做过以后立刻测试了它的纯度，令我惊讶的是，这的确是纯正的牛奶！

我抓住挤奶工，想弄清他是怎么在中间做的手脚。结果他从宽大的袖子里抖出一根能装大约两品脱水的大竹筒，上面连着一根有雪茄那么长的管子。

这个骗局现在终于被揭穿了。而这个家伙在震惊之余，一脸得意地向我展示了这个精巧装置的操作方法。

他把竹筒藏到袖管里，把袖子放到手腕上，一手拿着竹筒，另一手抓着牛的乳头，一眨眼工夫他就打开了水龙头，让水和牛奶一起流入桶里。

我现在有理了，警告他说：如果他将来能给我提供纯牛奶，我就不会对他采取惩罚措施。他高兴地同意了。接下来的日子我过得很奢侈，但是好景不长，我的仆人就告诉我说，奶牛不产奶了，挤奶工也回乡下了。

250年前，满族人占领了中原地区，要求男人留长发，然后把它辫起来放在脑后。

只剃掉部分头皮并将后面的头发辫成辫子，是满族人的习俗，任何不遵守这一规矩的人会被认为是叛逆者，很可能被砍头。因此，这种对过去王朝忠贞不渝的象征还普遍存在。从摇篮到坟墓，自己的整个脸面是很重要的事。当时的旧风俗变成习惯之后，就无法废除这种奴役性的标志了，到今天，就是强制执行也废除不了了。除此之外，满族人还要求人们必须刮掉胡子，除非升到祖父一辈；胡子长出来后，即使不浓密，也必须将其剃掉。

正如你所想象的那样，人口多的地方会吸引大量理发师，但是理发被认为是低贱的工作。尽管理发师的数量很多，但直到欧洲人教会他们如何理发之后，他们才知道怎么做。在偏僻的地方你经常理不了发，有好几次我不得不让马夫用马蹄铁和铁剪刀给我理发，结果理得很难看。

当然，中国人很快就学会了这项技术。在通商口岸，理发是一种很便利的奢侈享受。因为你每月只需花几美元，理发师就会按照约定，早晨来到你的卧室做日常刮脸工作，并且在需要的时候给你剪头发。他来时我常常还在睡觉，他就会把鞋放在门外，光着脚悄悄走进我房间，拿出事先已经准备好的毛巾，在我脸上涂上肥皂沫，然后把面部剃干净，而这一切我甚至都不知道是怎么发生的。

裁缝很多，工钱也很便宜。尽管外埠的裁剪技术还没有达到要求，但是他们对于法兰绒、轻花呢和所有热带地区穿的衣服的裁剪都很在行。

"男仆。"

"是。"

"叫那个叫陶克的裁缝四点钟来做新衣服。"

四点钟的时候裁缝就会带一捆布料来。我从中选了一块细哔叽和一块白法兰绒，每种布料做一套衣服。在询问价格时，他说很便宜，哔叽14美元，法兰绒12美元。

对于这种昂贵的价格，你所表露出来的惊讶和愤怒有了效果，经过反复讨价还价后，分别以11美元和10美元成交了，衣服会在两天后做完。

"可以。"

他拿出卷尺，在你身上测量尺寸。虽然他带了数据记录本，但是什么也没写，中国人的记忆力很好。

第二天早上，他会来到制衣间，把衣服宽松地缝合在一起，并在上面画一条粉笔线，再别上别针，然后匆匆离去。

第三天，你会发现床上有两套叠放整齐的衣服，试穿一下会感觉它们很合身。

另一个方案是，在选好衣服材料之后给裁缝一套旧衣服，告诉他做一套同样尺寸的衣服，他一定会按照尺寸做得尽善尽美。

第三章

狩猎

对于任何喜欢狩猎的人来说，中国名副其实是一个天堂。当我说狩猎的时候，指的不是在自己家里所做的活动，而是一种要侵犯别人地盘的活动，这可能会吃官司。要狩猎的地方会有很多看守，但是在狩猎召集人给负责看守的朋友送上腊肉之后，他手一挥，大家就冲了过去。所有人都很高兴，猎狗实际上早就跑了出去。这感觉就像一个人说："这里是我的地盘，在这里，我可以带着枪和狗，只要高兴去哪儿都可以，不会有任何的障碍。我可以猎捕任何我喜欢的东西，想待多久就待多久，不会有任何人赶我离开，而且压根就没有饲养员和狩猎执照这档子事儿。"

中国到处都有山鸡、鹿、鹌鹑、野禽和沙锥鸟，但是丘鹬、松鸡和野兔的数量不多，分布也不均衡。大鸨、鸽等许多候鸟只在冬季出现，而大型的猎物如老虎、豹、鹿和野猪则在个别地方才能发现。

中国的北方有最好的狩猎场所。从蒙古到宁波，猎物都很丰富。长江流域更是每位优秀猎手的天堂。当然，一个人必须有一条好猎狗，并对这个国家有一定的了解，或者和一个熟悉中国的人一起去，否则高涨的热情很快就会冷却到冰点。沿着长江而行，从大海到内陆几百英里的地方，我享受了在西方国家只有富豪才能触及的狩猎活动。

中国人通常不像外国人那样喜欢打猎，他们很少骚扰那些野生动物。

然而，由于上海和欧洲殖民地加开了许多邮轮到我住的地方，因此本地的狩猎市场在过去几年内大大繁荣起来了。现在有一些本地猎手，为了谋生便和外国的猎手一起扫荡着这个国家，到处寻找野鸡和其他野禽。因此，离这个港口很远的地方，狩猎也不像以前那么容易了，尽管在欧洲人到来之前中国的很多地方仍然保持着原始状态。

本地的猎手不多，部分原因是法律禁止人们携带枪支，尽管法律未能严格实施；另一原因是本地枪支枪型落后，性能不可靠，当地人用它打鸟时常常会发生意外。

我曾经见过本地的猎人们扛着枪，携带着褐色纸张做成的火绒。他们的枪支特别扎眼，是大约 4.5 英尺长的单筒枪，口径 20 毫米，没有枪托，但是有手柄；枪上不仅没有保险，扳机也没有弹性，撞锤和扳机是一体的，并且是用铆钉铆在一起；撞锤上开有缝隙，以便安装火石，然而实际上使用的是火绒。有时候这些人能打好几袋猎物，不过我只见过一次这种枪的射击。有只鸽子落在 15 码高的树上。猎手把火绒吹亮，再夹在撞锤的裂缝里，然后把枪托放在他的髋部，接着慢慢扣动扳机让撞锤缓慢移动，直到火绒点燃药仓里的火药。枪响以后，鸽子就被打了下来。鸟是不是被射中了翅膀，这我不敢说。但我们应该记住，据说在 150 年以前，在这个国家人们试图打中飞翔中的鸟还是件很奇特的事，而我觉得肯定打不中。

老版的欧式前装式步枪——不管是燧发式还是撞针式，以及有时使用的气枪，都优于中国的猎枪。

本地人使用铁制的弹丸，这比铅便宜很多，既可靠杀伤力也大。然而火药质量却很差，燃烧速度慢，还带有很大的烟和气味。他们不使用弹塞，只用一团纸堵住枪口。火药袋和一根棍子没有连在枪上，而是和火绒一起拿在手上。

本地人还有其他抓鸟的方法。一种是把浅颜色的网张在草地上方两尺高的地方，这样飞过的鸟儿会不自觉地飞进去，被抓住。另一种是用金属线做圈套。还有一种是用竹子做成的巧妙陷阱，这种陷阱会将鸟儿钉在木钉上。除此之外，还有用柳条做成的陷阱，它特别像橄榄油瓶子。我曾在很多地方见过人们设置陷阱捕捉鹧鸪和鹌鹑。

有一次，我带着一位年迈的法国耶稣会牧师和一名从黑龙江或阿穆尔河返回的中国官员从上海出发到南京。前者告诉我，太平天国叛乱后不久，在南京周围被毁坏的田野里有许多野鸡，当地人用长矛就能扎到它们；而那个官员说，在荒凉的黑龙江地区这些鸟一点儿也不害怕人，当走近这些鸟时，它们就把头藏在草地里，用手就能抓住它们的尾巴。虽然我无法保证这两种说法的真实性，但从他们叙述的内容来看，我还是相信他们两个所说的。

在长江上狩猎的首要条件，是要有一艘 10 吨到 15 吨的好船或轻型游船。这样你就可以把所有需要的东西都装进去，它实际上是你临时的浮动战舰。你只需选择好你的狩猎区域，然后航行到那里享受那惬意的奢华、清新的空气、壮丽的风景和愉快的聚会。人还能有什么更多的奢望呢？

在决定要进行一次旅行后，早上告诉男仆，你要在下午出发，并且会在外面逗留许多天。你按照预先规划，登船检查一切准备是否就绪：猎枪、猎狗、粮食、炉火……然后，你命令仆人立刻出发。一切都已准备妥当了，你可以轻松自在地在船上喝着下午茶、读报、抽烟、用餐、在炉火旁和朋友聊天，然后像在自己的房子里一样，舒适地度过整个晚上。当你还躺在床上时，你就会听到好像是野鸡或者乌鸦的叫声。第二天早上一醒来就可以行动了。早上吃过美味的牛排后，你已经为战斗做好了准备。狩猎一整天，还可以回来洗个热水澡——在船舱里都如此舒适惬意。如果你明天想去个新的地方，仆人会把船划到那儿，并在晚上你睡觉的时候，要么接着划行要么偷偷跟踪猎物。

野鸡是我们打猎的主要目标，它类似于英国的一种白莺，只是体格稍微大一点，飞翔的速度更快，也更狡猾。

沿长江逆流而上几百英里，然后沿着大运河行进就到了太平军曾经占领过的地区。这个地方之前曾发生过战斗。原来是耕种田地的地方，如今却是一潭死水，到处都是毁于40多年前的村庄的废墟。这里的居民要么是被杀害了，要么是逃到其他地方了。废弃的田地旁边是低矮的山脊与松柏。田中的野草枯黄干燥，野鸡喜欢在草地上休憩。早晨起来，植被上的冰霜十分晃眼。我们拿着指南针，走在这块土地上；而猎狗在监视着周围的这一切。在这里打鸟，真是一种乐趣。

河岸的一边比较高，低矮的山上覆盖着低矮的橡树，树上长满了橡子。山上有很多以橡子为生的野鸡，也有野鹿。这些灌木丛虽然非常难以通过，但是小山的高度不影响指南针的正常使用。我在这里收获颇丰。

在长江下游的河岸两边，以及河流中的许多岛屿上，茂密的芦苇能长到 15 英尺至 20 英尺那么高，和人的拇指一般粗，几乎和竹子一样结实。夏天的时候，它们的根部会被淹到水里几英尺深。当秋天河水干涸的时候，这些密密麻麻的芦苇丛里会聚集成群的野鸡。直到冬末，当大部分芦苇被收割用作柴火时，才可能把野鸡弄出来。到了 12 月底，芦苇仍没有被收割，一片片长在地上，像房子的墙壁一样耸立着。最好的方法是选择中等大小的、形状像夹子一样的地方，在其中一边放置一支枪以取得战斗先机，并让两三只猎狗绕到另一边。当这些狗一路围猎芦苇丛的时候，野鸡会跑到边上来寻找机会逃窜。这时你只需瞅准机会，随时准备像开炮一样进攻。接着要手疾眼快，要一直跟上狗的步伐，因为野鸡绝不是人们想象得那么容易打到，而且很多时候"煮熟的鸭子"也会溜走。

　　这些沼泽地里还栖息着丘鹬、鹬、沙锥鸟、鹿，偶尔还有浣熊和野猫，它们跟在野鸡的后面。所以一天下来满满的猎物袋里什么都有，平均每天能打 25 只左右猎物，其中包括七八只野鸡。在英国很少有机会能打到这么多猎物。在狩猎过程中，你会体验到绝对的自由自在、愉快的心情、清新的空气、丰厚的猎物以及猎狗发现猎物时所带来的惊喜，这一切令人快乐至极。

　　各种各样的野鸟蜂拥而至。它们春季在西伯利亚大草原上筑巢之后，在冬天就会迁徙到充满阳光的温暖地带。天鹅、野鸭、提尔鸭和小野鸭等各种鸟类，在长江的水域上几乎每隔数英里就会见到它们。尽管极不愿意靠近小船，但它们经过时很难避开汽船，因而每一个小池塘或小溪都提供了捕猎野鸟的机会。很多人都不喜欢狩猎野鸭，为什么呢？我也不知怎么说。

很多人认为，除非是成片的野鸭，否则不值得浪费他们的弹药；另外如果与野鸭相距太远，跟踪起来会非常费力，远没有其他类型的狩猎吸引人。

丘鹬经常出现在竹林里，但你一般很难猎杀到它们，因为竹林太茂密。除非它们飞出竹林，尽管这只是很短的时间——当竹子顶端的叶子稍有晃动，它们会出现在另一侧。我花了近一个小时才杀死一只丘鹬。尽管可能已经发现它有20多次了，但抓住它却颇费力气。它们也时常出没于松树林中或是小山中，就好像在我们英国出没的野公鸡一样。

在一个寒冷的冬天，一位镇江人对我们说他的孩子被"狗头老虎"吃了。经过长时间观察，我们认为那种动物是狼。

为了打到这些猎物，一个朋友和我一夜之间就跑到了7英里外的别墅。早晨，我们小心翼翼地穿过松树林和白雪皑皑的丘陵，仔细地观察一切寻找野兽的踪迹；之后到了中午，英国领事扛着12毫米膛径的猎枪以及一袋子子弹也加入进来。后来我们收获满满。我们徒步穿过陡峭的山峰时，脚下50英尺远的地方有条结冰的小溪，这时苦力指着下面大叫："看，有鱼！"

在大约四分之一英寸厚度的透明冰层下，一群鱼在顺流游动。我本能地用左轮手枪向它们打了几枪，于是一股水流、一些碎冰和鱼从冰窟窿里蹿了出来，高度得有两三英尺，这让我感到非常惊讶。猎狗奋力冲了过去，结果我们的袋子里又装满了意想不到的猎物。后来我们数了一下，共有22条鱼，每条有两到四盎司重。冰上如此一击所引发的震荡惊动了很多鱼，有些鱼被冰块震伤而流着血。

在对"狗头老虎"进行了徒劳的搜寻后，那天晚上我们又回到了镇江。

天气寒冷，各种各样的野禽纷纷迁徙南下。第二天早上，我起床来到长江中的一些小岛上，然后沿江往下游航行。大约一小时后，凛冽的寒风和汹涌的波浪把我冲到了目的地。踩在沙滩上，猎狗没了在船上的拘束，跑到最高的堤岸上躲避波浪。有些浪头能冲几百码远，成百上千只在太阳下梳洗羽毛的野鹅从河的这一边被波浪冲到另一边，在这刺骨的寒风中它们也在寻找避难之所。野禽拍打翅膀时发出的呼呼响声，暗示着它们的到来。因为它们在射程之外，猎狗就跑过来提醒我——它所在之地离猎物只有咫尺之遥。我走近它们五尺之内时都没被发现，但它们还是受到惊吓飞走了。

沿着略高于水面的江岸，我来到了几个小池塘旁边。池塘周围柳树环绕，还有一些水鸭聚集于此。我向棕色的水鸭射击，除跑了一只外，其他的全部成了我的猎物。我又靠近水边，野鸭迅速逃离，它们一直扑腾所以很难瞄准，但最终还是成了我的猎物，一共有8只。我的射击惊跑了一些鸭子，但我的猎物袋中还是又收获了6只鸭子。

接着，我又来到一道宽沟前，沟旁长满了芦苇和杨柳。猎狗把野鸡都了赶出来，但由于它们大都朝着另一边跑了，而我在这边，所以只抓住了七只野鸡和两只丘鹬。

中午，我在一处有着大量芦苇的阴凉地里吃三明治。这时我又看到大量的野禽从一个河汊飞过来，在穿过低洼之地后，飞向了小岛一角的沼泽地。所以，我也马上赶了过去，蹲伏在堤岸一边的灌木丛里。背后是个小湖泊，野鸭以及各种各样的野禽很快就相继聚集于此，接下来的两个小时我专心致志地盯着这一切。伴随着每一声射击的巨响，野禽接二连三地被射中，着实令人欣喜。

天快黑的时候，我结束了狩猎，一共打了 27 只鸟。其中包括几只嘴是锯齿状的鱼鸭，后来我才知道，它们被误认为是大潜鸟；另外还有三只秋沙鸭。在回到船屋的路上，我又开枪打死了一只鹅，它正在河流附近觅食。最后，我袋子里一共有 51 只。我总是会回忆那一天，那是我最愉快的狩猎经历之一，在世界上任何其他地方的狩猎经历都无法与之相比。度过冬天后到了春天，南方的天气开始暖和起来。随着气温的回升，这些野鸟开始慢慢飞回西伯利亚筑巢。它们在五月几乎同时到达华中地区，在那里栖息三个星期左右；然后就像它们来的时候一样突然离开了——虽然有一天它们还将蜂拥而至。接下来就看不到它们的踪影了。

在国内，外出打猎总是与长靴、冷水、恼火与沼泽联系在一起，但是在中国，春季的狩猎则完全是另一番景象。

想象一下令人备感惬意的一天：阳光明媚、草场干燥、绿草如茵，苜蓿长到了约六英寸高，小麦和大麦已开花结穗——一切都是大自然的最好安排。你带着猎枪和大量弹药，苦力扛着瓶装啤酒和三明治。他们负责去吸引鸟兽，然后鸟兽就会突然跑到牧场草地上。这时你需要穿一套普通的夏装或是法兰绒材质的衣服，戴着帽子，穿着小鞋，裤尾塞进袜子以防昆虫进去。

你还没走多远，就有六只鸟已经在射程之内飞起来了，也许需要你左右轮番开枪。这是什么鸟？肥得像黄油！实际上它们又胖又重，不得不被迫落到地上，你会不断开枪，直到枪管变热，以至于需要不时地停下来让枪管凉一凉。我一天的最好战绩是 41 对半猎物，是国内比赛纪录的两倍。

春天或者秋天，是狩猎的最佳季节。冬天的时候，因为西伯利亚的冷空气会到达南方，所以这个季节的天气状况并不理想——主要是这个国家的地理位置导致的。不像春天那样，冬季这里只有少量的鸟儿，但是鸟一直会有——很多鸟在本地度过整个冬天。这里不是干草地，而是大片的泥沼，需要穿上长筒靴。

我只见过一次姬鹬，尽管这种鸟很常见。

据我所知，汉口下游七英里处一条小河附近，是最好的春季狩猎场所。五月一个明媚的早晨，应一位老朋友邀请，我和他以及另外两位客人一起登上了他的船，沿着扬子江驶向这个著名的地方。下船时我扛起装了50发子弹的包，并告诉我的小工往包里再放100发子弹。

他们的计划是把船送到下游三四英里远的地方，在打完猎后在那里会餐。

当卸下小酒桶的时候我的朋友问我，能不能把几瓶啤酒放进我袋子里。尽管我没有背备用子弹，但还是答应了。一是因为这个早晨又热又渴，少装子弹以便腾出更多地方装啤酒；二是考虑到沙锥鸟还没有全部过来。可是我们沿着河岸还没走多远，就看到了很多鸟，我真后悔随身携带的子弹太少了。乘一艘快艇到达对岸以后，大伙分散开，沿同一条线路前行。在一次响声震天的齐射之后，鹬鸟在周围不断飞舞，纷纷进入我左边的沼泽里。我藏到谷子地里，不断有鸟飞过我的头顶。这让我兴奋了半小时。在这次精彩的狩猎中，我收获了大量猎物。

我现在开始去沼泽地，但首先得穿过夹在麦田和豆田之间的一块草地。半路上，鸟一群一群飞起来，我马上放弃去那片沼泽，停在那儿就地打下来八只鸟，它们几乎同时掉到了地上。我的枪管太热了，有必要让它冷却一下，另外子弹还不到一个小时就打光了。我带着这把没用的枪怒气冲冲地去找那艘游船，其他人的枪声则在四面八方响起。沙锥鸟渐渐多了起来。背着啤酒和猎物的苦力被我远远丢在后面。

我和几位女士同时回到了船上，她们是在朋友妻子的带领下乘汽艇来与我们一起吃午饭的。这一天是一次漫长而奢华的旅程。该回汉口了，不能再去打沙锥鸟了。我们中的两个人带着枪上了岸，匆忙穿过乡村到河上游大约三英里的地方加入了在另一艘船上举行的聚会。这次打猎非常成功，非常令人满意，总共打了200多只沙锥鸟，一切都很顺利。实际上，要不是有一个人的枪乱打的话，收获会更多。几天后，这个人宣布了和船上派对中遇见的一位女士结婚的消息。我终于知道了枪打不准这事儿的原因了。几星期后当婚礼的钟声响起时，我们都原谅了他。

离北京城门四五英里远的南海子，是一座皇家猎园。几年前，那里有一群驰名中外的怪兽叫"四不像"。它们把马、牛、鹿、羊四种动物的体貌集于一身，却不属于其中任何一个种类。令人不快的是，欧洲人不得进入这个保护区，所以我无法亲眼看到这些奇怪的动物，尽管它们确实存在。

在围绕这座猎场的高墙外，有一个不起眼的沼泽地，一条小河从中流过。我一下午在那儿打了十多只沙锥鸟，还有一只野鸭。

星期六早上大约11点的时候，马夫驾着装有枪支、猎狗以及一些食品的马车出去了。他的工作完成后，我付给他工钱，而后由第二个马夫驾着马车继续快速行进，前往准备吃饭的地方。

在下午两点半，我做好了狩猎的准备；在回去之前，可以狩猎两个半小时。

这一次，我看到了几大群沙松鸡，我认为它们都是本地的，但只有一只在射程之内。它们是美丽而又勇敢的鸟，羽毛是浅棕色或沙色，背面有斑驳的斑点，腿和脚有浓密的羽毛，飞起来非常像金雀，只是更狡猾。

打完猎，我把枪又放到马车里，悠闲地往家返。我在前面骑着马，后面是马车，而我的猎犬则在草地上漫步。有一天晚上，当我们返回时，两只不大不小的鹰猛然扑向了猎狗并与狗斗在一起。几分钟之后，我再次把枪拿出来，当我在 20 码以外射中其中一只鹰时，另一只鹰并未受到惊吓，而是立刻扑向它的同伴，结果它与同伴的命运一样。

我的包塞不下了，所以丢了翅膀和爪子，但它们仍然是我的战利品。

普通的鹿体形较小，体重在 30 磅到 40 磅之间，没有角，皮毛厚实而短硬。豚鹿有两个二英寸到四英寸长的犄角，用来挖地寻找根茎，这是它们的特色。鹿大多是像野兔一样卧在草地上，有时躲在山坡上浓密的灌木丛中。用打野鸡的枪从大约 40 码远处就能把它放倒。一天打到四只鹿的事不只发生过一次，如果烹饪得好，它味道还是不错的。

山鹑只在某些地区才能看到。我在离烟台几英里的地方曾经打到过。中国中部地区虽然也有山鹑，但并不多见，我在安庆附近也曾经打到过一只。在南方，山鹑多聚集在竹林中。它与普通的鹑差别很大，从名字来看，它是生活、游弋在小灌木丛间的一种鸟。

香港和澳门附近的山鹑虽然不多，但也很常见，一般一天能打到三四只。这些鸟与英国常见的红腿鸟很像，个头却大很多，羽毛的颜色几乎相同，却显得更加绚丽。奇怪的是它们很少成群结队，更少成双成对，几乎无一例外都是单独行动。实际上，它们的大个头和华丽羽毛使我相信，它们一定是一个独居种群，"孤独"这个词语非常适合它们。

这里的鹌鹑数量很多，大多时候都能看到。因为会用它们来斗鸟，所以在中国它们颇具价值。它们通常会被卖家再处理一下。在被剪掉翅膀后，买家把它们放进小型的簸箕中，而后与其他鹌鹑搏斗，以供赌博者们从中获取丰厚的钱财。斗鸟很残酷，最后常常以其中一只死于战斗而收场。

在中国，野兔是可怜的小动物，没有英国的兔子大，浑身都是骨头和毛。它们通常待在空旷的地方，有时候你也可以在坟墓和岩石的洞穴里发现它们。我想它们可能就是圣经中所提到的"兔子"。

中国各地都能发现大鸨或野生火鸡。它们很害羞，总是栖息在广阔的平原上，你很难接近它们，只有经过长时间的小心跟踪才有机会打一枪。

在南方大部分省份，虽然偶尔也能发现老虎，但欧洲人很少能到老虎出没的地方。我没有去过这些地方，也没有机会在这个令人兴奋的狩猎项目上尝试一下。但我有一个朋友，知名度很高，放在他家客厅壁炉架上的一排老虎头骨足以证明他是一名成功的猎手。他向我讲述了如何才能打到老虎。

厦门可能是老虎出没地区中最著名的地方。有一次，附近乡村中的一些当地人来到他住的地方，说看到一只老虎。于是他便开始为狩猎做准备，并勘察狩猎现场。

这个地方岩石众多。老虎在的巢建在洞穴和岩石中，接近野兽要经过长长的隧道和很大的洞口，所以把它们弄出来既困难又危险。

我的朋友在一条隧道的入口处找到了老虎巢穴。他先拿着步枪爬了进来，紧跟着是一个本地猎人。他手中拿着一根长长的竹子，点燃当火把用。接着，又进去三个手里拿着长矛的壮汉，他们都把长矛放在前面。这样一来，进攻的力量就包括一个拿火把的人和三个拿长矛的人。英国人拿着他的步枪带着四个壮汉，慢慢地沿着两侧被老虎来回进出磨平了的通道爬行。当听到吼声时，他们确定猎物就在附近。

　　借助几英尺以外的火把，他们能看到两个移动的绿眼睛，仔细瞄准两眼之间，一颗子弹就打穿了那个怪物的头骨，它当场毙命。

　　万一那只老虎只是受伤了怎么办？他还从未经历过这种事，所以他非常小心——其实那个火炬手和三个长矛手一直保护着他。

　　据说一个老练的美国猎手渴望打死一只老虎，于是便加入了一个探险队。他先把自己武装到牙齿，然后与另外一个猎人会合后便出发了。但不久之后美国人就回来了，并解释说"老虎的脚印可能是新的"。

　　我认为他表现了真正的美国智慧。

　　我以前只是听说过针茅这种东西，但很少有机会看到。我以前一直认为它只是一种能给猎狗带来一些麻烦的带刺的草，但经过确认后完全不是那回事儿。

　　在离开宜昌去长江三峡旅游之前，我想去找一些美丽的长尾野鸡。这些野鸡有几英尺长，是当地常见的动物。有人警告我说，你应该穿长腿裤来保护自己，以防被那些矮草划伤。我没有带太多东西，也没把针茅当回事，所以我领着狗背着枪在南通登陆时，只穿着一套普通的运动衣和精纺长袜。

通过向当地人打听，我知道了这些鸟的下落后，很快就来到了山边的一个岩石高地上。这个地方与他们说的很像，我甚至看到了它们的踪迹。我的猎狗开始四处寻觅，我跟着它走进了一个昏暗、干燥、噼啪作响的草地，但突然感觉双腿一阵疼痛，像是被荨麻刺到，结果看到针茅粘到了我的长裤上。我继续往前走，因为我的狗嗅觉很灵敏。不久我们俩都停了下来——因为我双腿痉挛了，现在每条腿都被针茅划得像蜂房一样。狗身上那毛茸茸的皮毛已经聚到了一起，它看起来像羊那么大，再也走不动了，非常痛苦。

山坡到船上只有半英里远，但这段距离走得是如此的艰难。当男仆脱下我的长裤时，发现那些针茅实际上已经扎进了我的皮肤，它的尖嘴已经刺穿了羊毛袜，像鱼钩一样钩在我的小腿上。它们扎得不是太深，我只是稍微出了点儿血。我脱掉袜子，把这些针茅都拽了出来。接连好几天我的腿又瘸又痛，而我的猎狗更是经历了好几个星期的痛苦。结果自然是我一只长尾雉都没有看到。

在南通，我曾从树上摘了一些好吃的橘子，每个一钱，或八个橘子一便士。

在中国最适合使用 12 口径的枪，因为子弹随处可见。其他型号的枪则需要从国内进口子弹。但我认为温暖的天气里最适合使用的是 20 口径的枪，因为枪和子弹都比较轻。

人们普遍认为，波音达猎犬和西班牙猎犬是最适合驯养的狗，因为它们比其他猎狗的素质更为全面，也更适应环境。我也认同这种观点。

欧洲猎狗在中国的寿命很少会超过三四年，所以你如果不想让狩猎中断的话，那么你就不能老是养小狗。猎狗很重要，如果没有这些狗，你很难把野鸡从厚厚的草丛里赶出来。痢疾是一种非常普遍的犬类疾病，也是它们最致命的敌人。据我所知，还没有任何一个国家的狗有这种情况——那就是心脏上长虫子。这些细菌是怎么进入血液的，还没有医生能说清楚。但又细又白的虫子像粉条一样在心脏周围聚集，在血液里存活，直到它们变得越来越多，最终造成动脉阻塞导致死亡。有一回，我喜欢的一只狗死了。医生好心地解剖了它的尸体，发现里面的虫子太多了，以至于我都看不到它的心脏。

本地猎狗对于狩猎没什么用处，因为它们似乎缺少我们猎狗的那种聪明劲儿，但它们的嗅觉和我们的猎狗差不多。我听说海南岛有一种狗，很适合猎捕豹子和野猪，但我不能保证这个事是真的。

1889年冬天，一位朋友邀请我去他的游艇上聚会，游艇停泊在镇江下游几英里外的地方。第二天我们打算一起去打猎，然后在船上过圣诞节。

我雇了一艘小船，带着我的男仆顺流而下。我只带了一瓶威士忌、一些午餐间吃的东西和一个梅子蛋糕，最后的东西是一位挪威女士送我的一个圣诞礼物。

午后出发，大约三点钟，在预定的会合点附近，我看见一群大雁在泥滩上晒太阳。我让船夫尽量靠近它们。当离我们60码左右的雁群起飞时，我开了两枪就打下来两只。一分钟后另一只从头顶飞过来呼叫受伤的同伴，这一只也被我毫不留情地打了下来。前两只大雁仅是翅膀受伤，不太好抓，因为它们可以快速游泳和潜水，但这三只雁最终都被我抓到了。

天黑前一小时，朋友仍然没有来接我，于是我又上岸打了三只野鸡，然后回到了船上。在肮脏的船舱里度过了一个寒冷而痛苦的夜晚后，第二天早晨大约 8 点钟的时候，我带着枪和猎狗出发了。我想当然地认为，我不在的时候，游艇肯定会到达我们的会合点。我一整天都在打猎，打了 11 只野鸡、两只鹿、三只丘鹬、七只野鸭和一只鸽子。但是天快黑了，我的朋友还没有来接我，我除了回家别无选择。

这是一个美好的夜晚，清爽明亮，寒气袭人，星光璀璨，微风轻拂。在大约两英里宽的河面上，一波大浪激起了无数野鸟，它们向四面八方飞去，呼呼地从离船很近的水面上掠过。猎狗"狙击手"和我都钻进了船舱躲避寒风。我开始和仆人讨论我们临时的圣诞晚餐。还不算太坏，当然这也有赖于男仆的厨艺。最后我写了一个菜单，它们是：

1. 鸽子汤
2. 丘鹬
3. 炖野鸡
4. 烤牛排
5. 加威士忌的梅子蛋糕
6. 奶酪
7. 柚子
8. 威士忌和水
9. 茶

尽管这里没有可以用来纪念可爱的英格兰的冬青树枝或槲寄生，但在这样的场合，离家在外的我还是带着特有的忧伤唱了《故乡的亲人》。接着，为了晚上休息好，我便使劲地抽烟。半夜到家的时候才知道我那个爽约的朋友病了。

第四章

骑马

与世界上其他国家相比，中国马匹的数量少，质量还差。

这主要是因为这个国家那独特而恶劣的交通条件。他们耕地时主要靠人力，而不用马匹；中部和南部省份有时用水牛，北部省份有时用牛。

河流和湖泊中有许多划船的人，他们的工作是交通运输。

在较大的河道上，一些大船满载货物频繁地来回穿行；较浅的水域上，船只较小但数量众多，它们的踪迹可以延伸到很小的河流。这些水道覆盖在庞大的河谷上，就像一张大网；水道里漂满了各种船只，它们要么载着货物，要么载着乘客。

在这些地区，水路是主要的交通方式，陆路不多，所以很少用到马匹。因此，除了在各个衙门和军营里能看到少量马匹，其他地方就很少能看到了。

在中国，如果没有水路，交通运输则只能依靠陆路。公路要么是由大石块铺成的狭窄道路，只适合独轮车与驮货物的牲畜行走；要么是在大约一百码宽的地面上随便选条道路。在这些路上，经常可以看见一些粗糙的手推车由牲畜拉着缓慢地沿路行走。还有无数嘎吱作响的独轮车载着沉重的货物，由苦力推着摇摇晃晃地前进；车上有时还有一个用来借助风力的小帆，或者由另一个苦力用绳子在前面拉着。运货的牲口主要是骆驼（尤其是在北方）、骡子和驴，很少使用马匹。一般情况下，车都是由较差的牲口拉着，主要是骡子——尽管小马也很多。

欧洲人在自己国内看到的都是四轮马车、双轮马车及其他交通工具在碎石铺成的公路上自由行驶。他们很难想到，在现存最古老的文明帝国内的通商口岸之外，不仅没有碎石铺成的公路，甚至连我们最偏僻、维护最差的乡间道路也没有。因此，这里既没有四轮马车也没有双轮马车，只有硬邦邦毫无弹性的运货马车。中国人载客用的出租马车，车轮经常陷入稀泥中，或者在堤道上颠簸而行，人坐在里面一点都不舒适。

这里几乎没有公路和马车，对马匹的需求很小。中国人更喜欢骑高大、令人感到体面的骡子，或者是安布罗姆小马。这种马的步伐非常稳健，骑手可以放心地坐在马鞍上，且不必使用马镫。它的速度快，耐力强。一些富裕的中国人甚至愿意出四五百两银子买一匹这样的好马。骑手向后仰着身体，使劲拉着缰绳，马以每小时 15 英里至 16 英里的速度疾驰，当缰绳松开时，它立刻就会慢下来。在北京附近的城墙外经常举行马匹游艺比赛。在这些比赛中，每匹小马都要依次全速从评委面前通过。评委们会根据每匹马的总体表现宣布比赛的获胜者，但速度不是唯一的依据。

中国人一般不使用马干农活。在车夫推车的时候，这些苦力做着犹如粗笨的牲畜做的工作。骆驼、骡子和驴是驮畜的首选。因此，尽管骆驼这种"高贵的动物"几乎随处可见，但它并不像在西方国家那样被认为是必不可少的运货牲口。骆驼不仅得不到尊重，也得不到很好的照顾，而且价格很便宜。

中国可能有好多种马，但我本人只见过四种。第一种是从突厥引进的品相良好的小马；第二种是从伊犁引进的又大又高的马；第三种来自四川野外的牛仔小马——在这里只需稍加留意就能看到，在东部省份则很少见到这种小马；第四种是蒙古小马，或者通常所说的"中国小马"。

在远东的欧洲人非常熟悉这种中国小马。它是蒙古平原上土生土长的物种。这种小马平均高度有 13 个手掌加起来那么高，是一种皮糙肉厚的小动物。它那低矮的楔形脖子上长着一个丑陋的大脑袋，所以当骑上马背的时候你会发现上面就像没有马鞍一样。它与俄罗斯小马很像，它们之间显然有血缘关系，俄罗斯小马在这个国家也很常见。

据说第二次鸦片战争结束时，为了省下返回印度的运输费用，我们的骑兵把自己的阿拉伯马在天津给卖了。这些马大部分都被当地的商人购买了，然后被送到蒙古与当地的马杂交。如果这件事是真的，就说明这些马具有阿拉伯马的血统，例如较小的脑袋，身上的小点，波浪形的尾巴以及温和的性情。

长期以来，蒙古贵族经朝廷许可，一直拥有在北方繁育这种马的特权，且每年都要供奉给皇帝很多匹。由于这种马比我提到的其他马品种优良，所以整个国家对此进行垄断，并且严加看管。

这种马只允许饲养员阉割，而且在七八岁壮年的时候是不允许阉割的。这在一定程度上就解释了为什么中国小马的黄金时期很短，也解释了在使用两三年后它们就开始老化的现象。

无论如何你也买不到母马，因为蒙古人绝对拒绝出售它们。我在中国居住的 12 年时间里只见过两匹：一匹在北京，是俄罗斯王子的；另一匹是小马驹，属于九江的一位本地官员。

每年深秋时节，作为贡品的小马就被带到北京。我曾见过成群结队的小马，由蒙古和中国的骑手赶着从乡间飞奔而过，身后扬着阵阵尘土。骑手们身上背着长长的竹竿，把它们赶到郊外，让它们按预定路线前进。村民们一看到尘土飞扬，一听到马蹄声，就赶紧跑出来。他们想把马群从庄稼地里引开，但都是白费力气。它们像旋风一样呼啸而过，在庄稼地里留下一条被踩烂了的小路。这是皇帝的贡品，因此村民不会得到补偿。

在履行了朝贡义务之后，大量小马就被投入市场，平均每匹以 20 美元或 30 美元的价钱被卖掉，也就是两英镑或三英镑。

欧洲人提供了最好的市场。经销商把最漂亮的马送到天津、上海、香港、汉口等地进行比赛，以满足欧洲人的这种需求。

当这种原始小马群到了通商口岸时，被称为"格里芬"。这个术语适用于所有以前没有参加过任何赛事的小马。它们那垂到地面的尾巴、直立的鬃毛和被泥巴包裹着的身体，一切都表现出一种非常沮丧的样子，完全不是我们想象中的赛马。

这些格里芬大多都会被赛马手买走。这些人为了买到一匹好马，会让卖家先骑着马跑一跑，然后再让它停下来看一看；或者是购买在公开拍卖中直接看中的小马。

由于有运输费用，所以无论是水路运输还是陆路运输，越往南走，距离越远，"格里芬"的价格也就越高。由于供应给外国人的马匹都是精品，所以马的价格要比北京的高，价格从50美元到500美元不等。有些马匹经过训练后速度达不到赛马的要求，便会被转售给他人，或者以更低的价格卖给中国人。

在这儿我可以说，虽然在几个通商口岸里几条由欧洲居民修建的好公路上，偶尔可以看到进口的马车经过，但只有在上海，车辆交通才是重要的交通方式。在上海，到处都有极好的公路经过外国人的定居点，这些公路从郊区一直延伸到了附近的乡村。中国人最大限度地利用了这些公路，每天下午都有成千上万的人驱车前往茶馆和游乐场。

除了众所周知的各种交通工具之外，中国人还发明了一种别具特色的交通工具，并且它颇具维多利亚式风格。车身的形状像两个巨大的倒置的贝壳，上面画着美丽的花朵和蝴蝶；车轮很轻便，套着橡胶轮胎，辐条锃亮。车厢上有一位身着制服的车夫，胳膊上搭着一块漂亮的毛巾；男仆站在后面的一个铁架上，抓住车厢后角上的两条带子来平衡自己；一匹不怎么样的中国小马立在车厢中央。车的装备非常齐全。

这类用于庆祝的车，上面的乘客要么是三四个看上去很富裕的中国男人——他们穿着五颜六色的丝绸衣服；要么是一群衣着华丽的中国女人，她们的脸涂成白色，嘴唇染成朱红色，头发上沾着油，戴着鲜花宝石，脚上穿着缎面小鞋，用漂亮的小手摆弄着小扇子。这种装束的整体效果，即使算不上奇特也是非常新颖的。

当然，完全是受欧洲人的影响和带动，上海街头上才有这么多小马。

大部分欧洲男性在本国都能得到骑马的机会，中国人则相反。这种情况也许会传到他们的孩子身上，不管他们直接来自学校，还是来自商业都市或大学，他们几乎没有太多的骑马经验。在多数情况下，他们甚至不知道如何骑马。但是，他们发现小马很便宜，而且如果参加比赛，运气好的话就可能获得一匹被遗弃的赛马作为奖赏。因此，他们会参加比赛，而且骑得很自然，仿佛天生就会骑马一样，所以，无论男女很少有人不会骑马。因此，在当地不被看好的中国小马也逐渐在外国人那里有了市场。

从骑马到参加比赛，仅有一步之遥。如果你想学会骑马，只需要加入赛马俱乐部，然后骑上骏马绕着跑道慢跑就可以了。一个老手只要一踏上熟悉的赛道，就会策马狂奔。新手还不会很好地控制马，所以双脚不敢离开马镫，坐在马鞍上怕得要死，骑行不了多远，一个急转弯就能把他给甩在地上。

虽然不至于摔得骨折，但是肯定不好受。除非摔下来的骑手实在对此不感兴趣，否则，赛马的激情会必定会融入他的血液。

未来，他将会和他的赛马一起经常参加比赛。他将会在每天清晨参加训练，以便在任何一次希望渺茫的比赛中取得好名次。每天，他都会花大量的时间训练技术和观看赛马。

对一些人来说，骑马就像打板球一样容易；而对另一些人来说，骑马永远是一件很难完成的事。

你只要有幸成为骑术高超的轻量级选手，很快就会成为未来赛场上的主宰。和其他因素相比，信心最重要。只要他能赢得一次胜利，在信心的鼓励下就会成为一名非常优秀的骑手。

养一匹好马的成本并不比养一匹劣马的成本高。所以你必须低价卖掉你的劣质小马，然后再买一匹可能会成为潜在赢家的"格里芬"。当新赛季的"格里芬"到来时，你应该让马夫检查一下，同时和卖家商量，让他们带来三四匹最好的"格里芬"供你选择。这会让马夫十分高兴，因为除了对比赛本身感兴趣外，很多中国人都好赌。在这种情况下，每场比赛他都可能是赢家，因为他总能把赌注押在最好的赛马上。

没过多久，奔跑在泥地里的、还没挂掌的小马就到了。而卖家则坐在高高的马鞍上让小马来回跑动，以炫耀它们的步伐。

在英国，每一个懂行的购马者都会仔细检查马匹，确保每条腿都没有打过夹板，也没有上过嚼子。他会抬高马腿来检查一下蹄子；用一只手抓住马的下唇，另一只手拨开舌头来查看一下马的牙齿；并仔细看看马的脸，检查一下它的眼睛有没有毛病。

当接近"格里芬"的时候，你能感觉到一双凶恶的眼睛在紧盯着你。它通常会用愤怒的眼神和鼻息来警告欧洲人，因为它遇到了陌生的眼神和气味。它还总想冲向这个人。这时候，你抓它的腿、拨它的舌头、检查它的蹄子，或看看它的眼睛的想法会荡然无存，可能你此时更愿意去摸一下孟加拉虎。

接下来是到赛马场试跑。在那里，小马会被卖家骑着走半英里左右。当每个人都准备就绪，秒表就开始计时以测量马匹的速度。

通过这种方式，买家就对这些赛马有了一个大概印象。哪匹马有较好的转向速度，马上就能知道。至于卖家对这些马的健康、年龄以及体能方面的保证，那就必须得看这些方面的证据。

已经由新手变成老手的人，最终会以 60 美元到 70 美元的价格买一两匹马。

给"格里芬"做的第一件事就是给它钉上马掌。不过这事儿没有想象得那么简单。到目前为止，从来没有哪个铁匠能给它钉上马掌，因为你给它钉掌时它会激烈反抗。没人愿意用一种温和的方式来干这个事。于是人们把它牵到一个大约六英尺高的椭圆形木拱门下，拱门由四根牢固的立柱组成，上面用横梁连接在一起。

用绳子从它的肚子下穿过，越过横梁，这样它就不会摔倒。它的每条腿都被牢牢绑在一个柱子上，这样一来它就完全失去了力量，因此钉马掌的工作很快就能完成。

每次骑上它都会发生一场激烈的战斗。有时候会让两个马夫紧紧抓住它的耳朵，有时候还要用一块布罩住它的眼，这样才能最终制服它。

起初的胆怯很快就会消失。不过，如果你发现短距离骑行不会再有什么麻烦，那可能是这匹马的状态不好，并缺乏良种马匹那种应有的紧张感。

经过几天的清洗和梳理，去除它蓬松皮毛上的灰尘和污垢，剪短了它的尾巴后，它的变化会令人吃惊。你现在有了一匹看上去相当聪明的坐骑——中国小马，经过每天的骑行训练，你很快会发现它的一些新秉性。

尽管被中国人驯化得已经很温顺了，但这种马很少能消除对欧洲人的敌视感，它甚至不允许自己的主人进入畜栏。我在北京买的那匹黑色"格里芬"看上去很温顺。在乡下考察的那几天，我亲自给它喂饲料、装马鞍，直到我相信我们已成为朋友。但有一天当我过去看它时，它立刻穿过马厩张着嘴就向我冲来，幸亏有铁笼头拽住了它我才没受伤。

发生在它身上的情况，在其他马身上也同样存在，它们的脾气真是反复无常。

它们有一种令许多人讨厌的"侧踢"伎俩。这种把戏通常发生在给它钉马掌的时候，当给它钉掌时，它们就用后腿猛踢，这可能会给人造成严重的伤害。

它们总是很难驾驭，偶尔还会炮蹶子。不过多数情况下，它们的动作是缓慢而笨拙的。与西方国家的优良马种相比，它们显得名不副实。另外，它们又具有赛马的禀赋，因为它们的速度很快，并且它的体型可以带来惊人的力量。它们也非常擅长在乡间工作，因为除了跳得远之外，它们的巨大力量使它们能为深入乡下的英国猎人驮运很多东西。它们价格便宜，深受那些收入不高的猎人的欢迎。

听说现在有一批澳大利亚马要进口到香港和上海，但由于中国气候恶劣，在漫长的海运过程中，损失在所难免。

考虑到养了一段时间的"格里芬"已经有了一个良好的状态，六七周时间就足以让它为比赛做好准备。

为了能达到更好的训练目标，最好选用从加利福尼亚进口的燕麦和干草作为饲料，如果选用本地饲料的话，煮熟的大麦、切碎的稻草和麸皮也可以。

大多数重要的训练是在早上六点到七点半之间进行。当小马在跑道上跑来跑去时，社区里的所有猎手都会驻足观看。他们聚集在栏杆附近，或者边吃热面包喝咖啡边在大看台上跟着走。回到马厩经过修整，然后在上午11点到12点之间再进行一小时的快走训练。这样的反复训练到一直持续到下午，一天的工作才算结束。

每一匹马都需要单独训练，而主人最了解怎么驾驭它，能使它以最好的状态投入比赛。

经过测试，负重十石到十一石的货物跑半英里的最好成绩是 59 秒，一英里的最好成绩是 2 分 8 秒，一英里半的最好成绩则为 3 分 15 秒。

在干燥的天气条件下，不钉马掌对小马来说更有利于比赛，但在潮湿或泥泞的天气里，防滑还是必要的。

骑手都是业余的，包括赛场工作人员、发令人员、裁判、管理人员也是业余的。大家都是朋友，因此，与其说这是一场陌生人之间的赛会，不如说这是一次一群出版人和专家的具有社交性质的盛大聚会。

在冬天那几个月里，上海最重要的运动就是赛马。赛会通常在周六下午举行，届时商业活动都会停止，一个场地经常会有七八十人参赛。

俱乐部成员可以自由选择任何一条乡间路线，但是他们必须带着自己的小马一起跳过阻碍物。

时间一到，主人一声号令，比赛便开始了。

跳过水沟和小溪，越过流水和墓地，穿过花园和稻田，愉悦的人群快速蜂拥而过，直至到达一个休息点儿，赛马手和马匹才停下来聚到一起。稍作停顿后，大家又开始了新的征程。选手越来越少。最后，只有少数几个人可以完成最困难的最后一跳，看到标志着终点的旗帜。最轻和最重的选手，将被命名为运动健将，并有权在随后的狩猎中负责追踪野兽。毫无疑问，这种比赛很棒，尽管比赛很艰难——主要是因为本地遍布沼泽。事实上，由于中国人没有在这里构筑堤岸，也没有在田地之间搭建篱笆，所以在跃过水沟或干燥沟渠时只要注意它的宽度和深度即可，这让比赛容易很多。

虽然狩猎俱乐部对损坏的农作物给予了一定赔偿，但仍要小心当地人蓄意布置的陷阱。他们经常改变比赛线路的路面状况，会将其改到几乎令马无法通过。他们在对面的河岸挖坑，再用树叶和垃圾把它盖上，然后跑到安全的地方看笑话。这样做导致赛事很危险。

秋天，长江水位开始下降，河水曾经淹没的地区也变得干涸了。这时，汉口平原提供了极佳的骑乘场地。在那里，人们可以尽情驰骋，不需要频繁地拽缰绳。春天，这里被新鲜的绿草覆盖，变得极具魅力——直到水位上涨再次把马场和河岸淹没。很少有哪个国家能像中国这样，有如此棒的赛马场地。

夏天，九江的洪水把我们的小马从河边的马厩里赶到了高地上，周围的大部分地区变成了一个巨大的湖泊。我们当时很发愁，以后怎么赛马啊。后来我们想出了一个很好的点子，那就是到高 20 英尺、长 4 英里的城墙上去赛马。

从西门进入，然后向右转弯，我们就登上了石头台阶。这些台阶历经岁月销蚀和人们的践踏，已磨损得很厉害。墙的顶部，大约有 12 英尺宽。我们小心翼翼地选择道路，因为路上到处都是松动的石头和砖块。我们通常在下去之前会巡视两次。在台阶与墙相邻的地方，构成了两个大的直角。中国的房屋以这样的方式建造——它们的屋顶相互连在一起，倾斜角度与台阶的坡度相同，它们以最大限度连成一片。

我的一个朋友第二次通过这个地点时，他的小马试图跃下台阶回到马厩。他猛烈地拉扯缰绳将它的头拉了回来，但还是没能拦住它。因此它就从台阶上向旁边的一个房顶上跳了过去，在一片飞扬的尘土、崩塌的木材和掉落的瓦片中，小马和它的骑手一起掉下去了。

我的朋友满身灰尘，牵着他的小马从废墟中走了出来，穿过前门进入了街道。那里已经聚集起了一群人。当时，一个老太太死里逃生，差点被上面掉下来的动物压到。但她很快就从震惊中恢复过来，结果朋友赔了她一大笔钱用来修缮屋顶。不过，相同的事情并没有再次发生，这肯定会令她非常遗憾。

我在北京担任一门课程的教员时，曾发生了一件引人注目的事——我所说的都是事实。

那时，我花了25美元从一名中国士兵那里购买了一匹名为"粉笔"的小马。尽管它对其他人极其凶猛，但是对我却很和善，这种情况在中国的小马中很少见。

在接下来的春季比赛中，"粉笔"成了赛事的热门选手。比赛前的傍晚，我和几个路过此地的朋友对于不同小马的获胜机会，特别是"粉笔"获胜的机会一直讨论到很晚。那天晚上我梦见我骑着"粉笔"，我坐在马背上，手里拿着缰绳。小马躺在一片被树木环绕的草地上，它抬起头和脖子，尝试了两三次试图站起来，最后终于挣扎着坐了起来，它用前腿站立着，而后腿还在地上，然后倒下死了。

这个梦非常生动，给我留下了深刻印象。当时聊天的时候我和别人说过，但大家都没有在意。我还把这个事儿和一位俄罗斯朋友说了，第二天他陪着我去了赛马场。

比赛开始前15分钟左右，在看台上我笑着把我的梦又告诉了荷兰部长的儿子，并解释了当时的情况和场景。

比赛刚刚开始，"粉笔"在第一关便胜出了，它轻松超出其他选手一英里远。比赛结束后，我被我的朋友围着带到酒吧，开香槟庆祝比赛的胜利。这时我听到有人说："看'粉笔'！"

我转身看向"粉笔"，见它向后摇晃，好像被重物击中了头部。当我冲过去抓住马夫手中的缰绳时，它倒在了俱乐部的草坪上。草坪四周都是树木，正如我梦中所见。它两三次试图站起来，最后倒下了，然后不到十秒就死了。

我的俄罗斯朋友惊呆了。他把一枚小硬币塞到我手里，说那是一枚可以驱魔的硬币。尽管我立刻认清了现场和地点，但仿佛还是在梦中，不同的是周围同情我的人群不断涌来，暴毙的马消失在了我的视线中。

我是一个比较理智的人，不太相信梦中的事，但这次除外。对于这个梦，没有人给出一个合理的解释，只能把它看成一个绝对的巧合。

当时，这件事在欧洲人的社区中引起了不小的轰动，而听说这个事的中国人也非常感兴趣。

我的俄罗斯朋友和荷兰朋友在几次见面之后，当着其他人的面也谈了我做的这个梦。

我曾在北京和中国的其他一些城市安过家，所以经常会遇到一些中国熟人。他们通常会对这件事做如下解释：在以前的时候，我曾借钱给别人，或给了朋友一些帮助，而他们在偿还债务之前就死了。然后他们投胎变作马又回到了世上，为我挣了足够多的钱，还完债后又去了亡灵的国度。

下面是荷兰朋友的回信：

亲爱的雷迪，在回复你23号的来信中，我很乐意证实关于"粉笔"死去这件事。我不记得你说的细节了，但我确信它们都是真的。我仍然记得你在比赛前不久给我讲了一些你梦到的情况。马死了后，你马上来到我们这里，唤起了人们对你的梦境变成现实这一事件的关注。我对这件事印象深刻，无论是关于主要事实还是细节，都与我当时所听说的有惊人的吻合。至于是否把这看成是神奇事件，或仅仅是一个奇特的巧合，不在这里讨论。

真挚的祝福。

T. T. H. 弗古森

海牙

1903 年 3 月 26 日

我的俄罗斯朋友早已回到了白人沙皇统治的地区，而我没有他的地址，否则他也会高兴地提供他的证词，证实我对这件事的描述。

第五章

帆船

中国人有句耳熟能详的箴言——"天行有常"，意思是人们改变不了什么，但实际上这句消极的话对中国人来说并不适用。

被马可·波罗所盛赞的那种帆船在今天随处可见。不仅在中国的内河航道上可以看到它们，而且在新加坡、泰国以及东印度群岛之间的国外航道也能看到它们。有趣的是，帆船水手们都知道，过去几十年一直困扰着英国设计师和建造师的一些难题，诸如水密舱室、中央甲板、平衡与多孔舵等问题，几个世纪以前就已经被中国人解决了，而且几乎所有的帆船都配有这些常用的设备。

在台湾海峡那狂暴的水域中，季风会掀起巨大的海浪，远离陆地的上千艘渔船，即使在这种恶劣的天气条件下仍然坚持作业。英国的船员要是遇到这种情况，早就躲起来了。

香港和上海之间的水上交通就是靠这些船队和绵延数英里的竹筏完成的。而且，你通常会在一些船上距甲板只有几码远的地方看到：船上的船员并不像其他国家那样只有男性，而是由整个家庭组成，包括父亲、母亲、孩子和婴儿。他们的家园始终处于风雨飘摇之中。

这些人的工作不仅艰苦，而且很危险，轮船侧翻或从废墟中抢救幸存者的事情时有发生。

从上海港出发，这些帆船取道黄海，航行到北部沿海港口或神秘的韩国。它们通常有五六根桅杆，呈扇形排列。用席子做成的三字形船帆，用弯曲的竹篾、麻或可可坚果纤维搓成的绳子，巨大的木锚，所有这一切都给人一种感觉——船要散架了。因此，人们自然而然会觉得这样的船不适合在海上航行。然而，绳子上晾晒的衣服、啼鸣的公鸡、漫步的小猪、生长在花盆和旧罐里的植物，以及妇女和孩子的存在，这一切又展现了一种恬静而美丽的乡村与田园风格。让我感到好奇的是，船上这些稀奇古怪的东西是如何弄到出海的船上的？当这些东西随船出海的时候，为什么不怕那些恶劣的天气呢？

总体而言，中国的帆船制造得比较粗陋，尽管通常都是非常好的海船，而且易于操控，但与相同吨位的欧洲帆船相比，它们的航行能力还是很差。

所有船上都有个很奇怪的现象。无论是蒸汽船、舢板船还是小船，它们的船头两侧各画有一个大眼睛。中国人会向你解释说，"船没有眼睛的话，就没法看见东西。如果看不到东西的话，它们又怎么能安全航行呢！"

另一个值得注意的事情是，所有的帆船都装有用竹子做的收帆条，尽管它可能会损坏帆布那光滑的表面，但毫无疑问它优于我们的收帆带。因为即使是最大的船帆也可以从甲板上直接收起，而且和绞盘降下船帆的速度一样快。它既省力又省时，同时还降低了在高空作业或恶劣天气中发生意外的风险。

在浩瀚的扬子江上，不同类型的船只都以百位数编号。船的航行水域不同，吨位、尺寸和吃水深度也不尽相同。

在河口以及远到上游的镇江，有大量的宁波远洋鹦鹉船。这些装饰华丽的船从 20 吨到 80 吨不等，有很高的船舷、宽阔的船尾、倾斜的桅杆、晒黑的船帆和漂亮的风向标，一切都是那么精巧而别致。

通过连接天津与杭州的京杭大运河，中国官员从中南部省份向北方的满族统治者进贡，给他们提供大量的贡米。由于是统治者，所以他们从出生那天起就有特权每月获得大米和白银补贴。由于运河与长江相连，许多装载谷物的帆船都能到达京杭大运河，那里有来自不同地方的货物。

往上游走几英里有一个叫宜昌的地方，那里经常停泊着几十只排列有序、等着装盐的帆船。这里的盐业由政府垄断，并在官方监管下生产销售。

运粮和运盐的船一般都是官方的。与普通商船相比，它们的储藏条件要好得多，吨位从 60 吨到 150 吨不等，经常出现在内陆水域。它们由大量上好的横梁和水密隔间构成。在船身设计上不考虑速度，也不考虑是否优美，但非常适合载重。整个船身都比较厚重，船尾弯曲向上并被整个覆盖起来——高于方向舵，这样便形成了可供船主和他的家庭居住的空间。透过那些小窗，女人和孩子们好奇而羞怯地窥视着外国人的船只。

主桅杆是一个长六七十英尺的巨大圆木，被立在船中央的帐篷中，光秃秃地立在那里不断地摇晃，唯一可见的是一个木头支柱，它在甲板上方几英尺的地方，在迎风前行时会承受一部分压力。当盯着它令人头晕目眩的时候，人们肯定想知道，为什么在恶劣的天气下它不会穿过甲板，也不会穿过船的底部。因为它的前桅杆要比主桅杆小得多，所以更加容易立在那里。每个桅杆上都有一个优美的巨大风帆，由粗糙的本地材料制成，类似于廉价的印花布。垂直吊挂的布料与竹板条连在一起，虽然只是轻轻连在一起，但似乎能承受很大的压力。

旗帜的颜色呈浅黄色，在阳光下闪闪发光，上面醒目地印着它所属行会的标志。当这些舰队扬帆启航时，它们劈波斩浪，像天鹅张开翅膀在水中滑行时搅起了片片水花——像一幅美丽的风景画！

在中国社会流行的协会中，最值得称道的是救生艇协会。除了得到官方的资助和管理外，它主要依靠社会的自愿捐助，在一定程度上政府允许救生艇驻守在许多危险的水域。

在晴朗的天气里，这些被涂上颜色的"红船"通常停在小溪或避险处。船员们在闲暇时间里休息，一旦暴风雨来临，他们立刻就把"红船"开到一个抛锚的船附近，随时准备对遇险船只进行救援。

在汉口，一股强劲的东北风裹挟着几股海流形成了巨大的海浪，这对于小船来说是最危险的。我曾看到四艘红色救生船从不同方向驶来，开始抢救一艘倾覆的舢板船。尽管船帆在大风之前就已经被波浪摧毁，但他们在极短的时间内就出现在事故现场，并以最勇敢、最专业的方式展开了救援工作。这些救生船上面没有立杆和艏，船身呈方形，宽约四英尺，以柔和的曲线向下倾斜。因此它们航行时就像一个飞盘掠过水面而不是扎进水里。

由于它们的船底是平的，使用的是下风板，所以吃水非常少；而单一的桅杆、轻便的船帆，以及方式的中国模式，使其非常灵活快捷；手工线以习惯的方式环绕在两侧，但没有软木带。

它们非常好用，我们国家的救生艇研究院也可以参考一下这种模式，以便在没有普遍使用救生艇的沙滩和浅滩水域使用。

火炮船或警察帆船无处不在，船舷非常低，没有船舱，船尾只有一个甲板房，一个升起蓝白色船帆的桅杆，一个装在船舷上的小口径加农炮，还有十几个穿着制服的船员。他们在没有风的时候划着船桨，站立着面向他们前进的方向匀速推进。当把船停在蓝白色船帆的背阳面时，就可以提供一个宽敞的庇荫场所了。官方的船只都涂着一尘不染的淡黄色漆，并经常挂着一些设计精妙、色彩斑斓的旗帜，整体效果看上去显得非常智慧而独特，非常讨人喜欢。根据巡逻的水域，这些船吃水量的大小是不同的，我见过大到 20 吨的大船，当然也见过小船。

著名的长江三峡位于千里之外的宜昌和重庆两个通商口岸之间。

实际上宜昌算是所有轮船的交通线路终结者，因为一些小型蒸汽船通过三峡并到达重庆总会出现一些故障。有一艘德国大船，专门用于远航，她的首次三峡航行就撞上岩石沉没了。

峡谷的景色是我见过最宏伟的景色，给我留下的印象甚至比落基山脉还要深。

我的那次旅行是在 11 月，当时河水很浅，水流很慢，但还是以每小时五六英里的速度航行。

在宜昌租到一艘合适的船后，我们在强大的江风到来之前启航了，小心地经过河岸，保持很慢的船速，直到我们到达三峡开始的地方。在这里一条纤绳被拉了出来，取而代之的是六个纤夫的努力拖曳。后来我们慢慢加速，但时速没超过两英里，尽管船头破碎的水沫和翻滚的尾流显示我们正以八九英里的时速航行。

我坐在小船上，凝视着高耸的悬崖——垂直高度几乎有几百甚至几千英尺——可以看到洞穴、梯田和岩层，这表明了河流的独特性。无尽的岁月穿过了坚硬的岩石与河床，这种不可抗拒的自然力量使我感受到凡人真的是无足轻重，这可以使一个人的头脑更加清醒。沿着悬崖绝壁，无处不在的中国人建造了自己的家园，并种植了橘园，这样便有了远远高出头顶的金色水果，为美丽和庄严的场景赋予了变幻的色彩。

重庆和宜昌之间的所有帆船都是为适应三峡急流而设计的，所以它们的尾部特别高，如果在浅滩搁浅的时候，下降至10节速度的情况可以作为保护防止被撞坏。

挂着普通船帆的一两个桅杆，作为转向助力的一个大扫柄，一个带着巨大舵柄的强劲舵杆，这些就是这个帆船的主要装备。

如果航行时间不到一周的话，10到12名船员就可以满足中型帆船的需求。但是在返回时逆流的情况下，不仅需要4到8周，而且根据水流的速度，除了常规的人手之外，可能还需要40到100名纤夫。

就像在峡谷里一样，这条河很容易涨水，在几小时内水位就可能会上升30或40英尺，河滩的深度总不确定，还可能会淹没拖曳的道路。

逆流而上的船除了配备普通的风帆外，还要有一个巨大的帆缆，它由弯曲的竹条构成，从主桅顶部通向河岸边，长40到100英尺，纤夫将轭固定住，每侧都有一个足以承受10到15人拖曳的帆缆。

这是一个激动人心的景象，一个巨大的帆船被风和人力逆流拖曳。纤夫们沿着海滩的岩石艰难行进，像一群猎犬一样唱歌、大笑、喊叫。无畏的游泳者从巨石中清除缆绳，他们尽职尽责，经常跳入急速的洪流中。船只在起泡的船头咆哮，穿过水面，一小时只能走几码的距离。

在这个翻腾的漩涡中，残骸数不胜数，生命的沉重代价来自那些勇敢而坚毅的人，他们的命运由这些奔腾的水流控制。

在这次航行中我看到一个中国人在水獭的帮助下捕鱼。

这只动物的脖子上有一根长长的绳子，像细丝带一样紧紧系在脖子上，并被拴在船舷上。这艘船由一名妇女划着，而站在船头的渔夫手里则拿着一张圆形的网，网的中心有一个足够大的孔可以容纳水獭钻进去。

在到达一个合适的地点后渔夫挥舞着手臂撒出渔网，渔网像一个蛛网一样覆盖住一部分水域。

渔网的边缘慢慢沉入水中，导线停在河底，然后渔夫拖出导线，直至中心的那个洞出现在水面上，接着水獭就钻进洞里，迅速潜入网内，不一会儿嘴边就叼了一条鱼露出水面。船主将其拖上船，放下鱼之后，水獭又从洞口钻入了网中。

在九江居住的时候，我有一个柚木建造的四桨快艇，它很沉也很坚固。除了增加一个六英寸的龙骨外，我又给船装配了吊臂和主帆，这样航行起来就比较方便快捷了。我把一个铁架立在了船尾，上面罩上帆布，这样就搭建起来了一个相当宽敞舒适的船舱，而且轻型遮阳篷也可以保护船身，我驾驶它航行两三天完全没有问题。

当地人总和我提起一个叫紫色湖的地方，说很少有欧洲人去过那儿，并声称岸边有很多美丽的可供拍摄的景观。

这听起来很诱人，所以，当时间允许时，我带着几位可靠的中国船夫便开始了我的发现之旅。沿着湍急的水流，我们在扬子江上走了一段很短的距离，然后进入了一条狭长的小河，这里的芦苇非常高，有效地挡住了大风。在黑暗中，我们把船停在一个村庄附近，十几只狗立刻跑了过来，不断地向我们狂吠，这里的蚊子也特别多。伴随着黎明的第一缕阳光我们终于离开了这里，继续我们的旅程。早晨，宜人的风景陪伴在我们身边，在左边的一棵枯树上我看到了一只苍鹭，而一只鹿在船前 200 码的地方游过了小溪。我们在中午之前到达了湖边。

这里的景象令人耳目一新。清澈透底、波光粼粼的湖水点缀着渔船和野鸟，绿色的小岛上有白色的悬崖和巍峨的山脉。在游完泳后，我们迎着微风欣赏整个湖泊的美景。到三点左右，我们乘船快速到达了岸边。

这个地方虽然是丘陵地带，但却有着非常丰富的植被，这里的主要作物是烟草。在岸边走了一会儿后，我带着一只雉鸡和一只丘鹬返回了船上。那天晚上，我们舒服地住在一个被高耸的悬崖掩蔽的小海湾中。直到我们早上出发之前，天气一直非常好。

在湖的另一头有一个大城镇。它好像是从水边升起，隐藏在闪闪发光的水面上。近处的一条道路指向远处破旧的建筑，感觉距离已经很近了，结果只是错觉而已。一位渔民告诉我们，那是紫色湖旁边的城市。

后来我在一个稻田里散步，不到一个小时的时间就抓到了 10 对沙锥鸟。之后我们又沿着美丽的悬崖边湖面较窄的地方航行，两边树木繁茂。到了这个入口的尽头，我们停下来吃午餐。在下午刚刚开始的时候，开始刮起了北风。

早上，我看到许多小船从四面八方赶来，穿过湖面聚集在一起。在一个陡峭的岬角上，我们突然发现自己处于数以百计的船只包围之中，每只船上都有一大群穿着华丽的参赛者。还有几只长长的独木舟，船都由二三十名男子划着，前后颠簸，来回奔跑，锣鼓喧天，鞭炮齐鸣。这是中国的端午节。不一会儿，这些小船都停止前进，他们可能更关注我这个欧洲人和这艘奇怪的船。

我的存在不但没有使他们感到厌恶，而且还受到了非常礼貌的对待。我问了他们很多问题，他们的回答给了我很大的启发。在龙舟比赛时，他们迅速从我旁边通过，并为我这个温彻斯特人鸣放礼炮，这显然给了我巨大的满足感。

在这里，我无论走到中国的什么地方，或者找什么人问路，从来没有被戏弄过，也没有男孩在很远的地方骂我"外国佬"。虽然有几次我受到了不礼貌的对待，但我不得不承认，过错并不完全在当地人。

我曾经见过一群荷枪实弹的欧洲打手进入一个村庄，有一个老人礼貌地鞠躬表示欢迎，但其中一个家伙粗暴地喊道："嗨，老家伙，你好吗？"

老人很老了，听不见他在说什么，只感觉这句话很粗鲁，但仍然保持沉默，那个欧洲人又粗暴地喊道："你看谁呢，你这个老傻瓜？"

当受到这种意外入侵的时候，村里的狗受到惊扰便开始叫起来，但是立即被这些人打死了。老人为了防止被打，赶忙走进房间关上了门，而打手们像旋风一样穿过安静的小村庄。他们吓坏了村里的妇女、孩子、家畜，村民们因为他们的粗鲁而感到厌恶。我担心的是，这种行为太常见了。

根据我的经验，有礼貌的行为一般都会立即得到友善的回应。

随着风越来越强，雨下得也越来越大，我离开了那些新朋友，回到了前一天晚上我们待过的悬崖下的小海湾。天黑前雨一直下，但我们在敞篷和遮阳篷上安装了防水油布，这使我们始终保持干爽舒适。

半夜我被一阵狂风暴雨声惊醒了，它掠过我们头上的悬崖。尽管有防水油布，但我们仍然被淋湿了，所以第二天我们准备赶快返回九江。

我们坐在遮阳篷下，罩在遮阳篷上的防水油布被水浸透了。我们已经离开了悬崖边上的那个小港湾，返回已经是不可能的了，这才意识到正身处险境。

这是一场大飓风，在它来临之前我们行驶的速度并不快。我们离陆地越远，大浪就变得越高。我突然意识到，在到达小溪之前，我们只能以四五英里的速度航行。

我没有遇到过令我太紧张的时候，但这算是一个。

船员们已经意识到我们现在的处境非常危险，最终我们补上了船的漏洞，并舀出了之前流进船里的水。

一股浓雾弥漫在湖面上，我们的船在大浪中猛烈颠簸，尽管船被湖水颠起得并不高，但会重重落下发出阵阵响声，仿佛我们的船在以极快的速度航行。

如果不是罩住了引擎盖的话，我们可能已经被淹没很多次了。这更多的是依靠运气，而不是船的设计。幸运的是舵柄很长，这样可以使出所有的力量使我们的船只保持直行，尽管出现了被淹没了一半的情况，但最终还是以极快的速度驶出了浓雾进入了小溪。那时候，如果船帆失去作用，或者船舵失灵，我们的船就会横过来。如果船突然坏了，那我们就没命了。

余下的这段旅行是非常平静的，在几个小时后我们平安返回了港口。

无论是在香港还是在上海都有几千名欧洲人居住，那里各有一个游艇俱乐部，每个俱乐部都会开设一些最新的课程，并且也会经常进行各种形式的划船比赛。这个国家的俱乐部与游艇和在其他国家是一样的，这里就不讨论它们的细节了。

在香港，无论是宏伟的海港还是众多优美的小岛周围，海水都是明亮湛蓝的。但是在上海，船却只能航行在黄浦江混浊的江水中。这是一条又小又无聊的江，它最终流入长江。黄浦江的水很混浊，除了因为它是繁荣的海港外，还因为各种大小的国内外船只都停泊在港口。

澳门在历史上是葡萄牙人的殖民地，它距离香港 40 英里，被诗人卡蒙斯称为故乡。众多渔船来这里打鱼，航行于西江三角洲的岛屿之间。

这些"澳门舢板"可以说是所有中国船只中最好、最快的船。

这些舢板拥有优美的线条和轻薄的船板，这使它们拥有像鸭子一样的浮力，即便是在深海中也不会被灌进水去。同时，由于有两根支撑起船帆的桅杆、巨大的排水孔、平衡方向的船舵、很浅的吃水量，所以它们很容易操控——可以以自己的长度为半径转一圈。尽管航行的速度比不上游艇，但当有一艘大船航行在它旁边的时候，它们会因为有着合理的设计和良好的操控能力，迅速超过那艘大船。

我在澳门度过了两年愉快的旅居生活，我经常乘一艘大约 1.5 吨的时尚小舢板航行，所以我完全了解它的性能。当顺风航行的时候，它的速度非常快，我尽情享受着大风拂面与冷水拍打的感觉。

这些水域到处都是海盗和走私船，海盗组织的名字有"死人的坟墓""海盗的目标""岛屿的坟墓""希腊的海盗"等，但他们很少骚扰欧洲人。当我离开港口时，通常都会带着我温彻斯特的身份证明，以防止海盗骚扰。我在海上度过了很多开心的日子，经常穿过无数条闭塞的内陆小溪，穿行于各个小岛之间。有时候我也会登陆，带着我的枪绕过到处是岩石的海岸，那里总能看到野鸟在较浅海湾的水池中觅食。

有时候，朋友会陪着我在寒夜中航行，驶入大海后享受太平洋晚风的吹拂——也能在那里游泳。之后我们将返回优美的海湾，把船停在美丽的葡式餐厅附近后，伴随着月光和葡萄牙军乐队的音乐一起共进晚餐。他们每周演奏两三次，有时也会在政府的宫殿里或公园里演奏。所有的这些事情都与大海息息相关。

在从广州到梧州的旅途中，我看到很多舢板都配备有可调节的船头破浪装置或艍板。

没有这些装置的舢板只能走几英里远，因为这里的水很浅，舢板的行驶只能依靠巨大的船舵和那些船头破浪装置，而龙骨、中插板和下风板都不起作用。

就我看到的情况而言，他们把船首切开一个很深的凹槽，再把大约三米宽的艍板嵌入凹槽中。顺风航行时，这些船头的破浪装置将会起作用，当自由航行的时候，它们就被解下来并且放在船板上。

在外国人聚集的外埠，特别是在上海和长江上，由于游艇的舒适、快捷和强大动力，它成了我们在远东开创的，一个打猎、野餐和令人愉快的生活方式。

通常情况下，这样一艘船像一个有着防浪板或下风板的游艇，水浅的小溪也可以进入。它在装备上只有一半属于中国风格，船帆的形状像普通的耳帆，通常用竹制的帆索把船帆升起，非常便利和安全。三角帆也很实用，但因为它会破坏船整体的朴素风格，所以船员们都不喜欢使用。

在我记忆中，最精湛的一艘船是一个海船，航行速度非常快，也非常舒适。里面有个很好的包厢，有四个卧铺，桌子被叠放到了中插板的一边，并且还有椅子、火炉、手枪架、杯子和瓶子架，还有很多的柜子。船上有一个浴室和厕所，一个摆好餐具的厨房，船的前面四分之一属于船员，包括四个海员，一个厨师、一个男仆、一条狗和一个苦力；在甲板上还有一个水槽和阴沟。一个小舢板竟然可以造得如此舒适。

这么舒适的舢板对于一个冒险家而言就是一个狩猎小屋，对于一个非常疲惫的人而言就是一个庇护所，这个游艇对我而言就是空闲时最好的休息场所。

在这首船上，我很容易想到下面的诗句：

听一夜美妙的音乐，
在太阳升起之后，
轻轻收拾行装，
像阿拉伯人一样悄然离开。

第六章

欢乐的聚会

虽然剑桥大学那顿散伙饭已经过去 20 年了，但我仍然记忆犹新。在单调的生活中，那样的时光弥足珍贵，回想起来总让我激动不已。那个场景似乎就发生在昨天：两桶冒着热气的牛奶洒在四个大个头儿同学身上，结果都被烫伤了。很多同学最后都醉倒在街头。第二天上午，院长还找我们谈了话。这场散伙饭真是一场永远难忘的狂欢。

这种聚会与盛大集会的功能相似，至于这个词源自哪里，怎么来的，我并不知道。但是在远东，这种聚会通常被理解为一群男人在狂欢。在这种聚会中，有丰盛的晚餐、香甜的美酒，还可以讲故事、唱歌，气氛一般都非常愉快，偶尔也会破坏家具和其他东西。

当我回忆过去 15 年的岁月时，这些疯狂的夜晚就像灯塔一样闪现在我脑海里，把我从那些教会与上流社会的严肃聚会中解脱出来，这令我非常开心。那些教会和上流社会的聚会，我当然很愿意参加，但它们没有给我留下什么印象，除了一些珍藏的纪念品或者一个微笑。

几年前，我到汉口拜访了一位身份尊贵的名人。他是目前欧洲最有权势者的亲戚，很受当地人民欢迎。

　　他登上了一艘漂亮的中国游船，游船的驾驶员是一位经验丰富的美国船长。

　　当这艘船穿过很多游轮和外国军舰进入河道后，慢慢靠近了旁边的一个大木筏。这是一个巨大的木筏，航行速度非常快，此刻它正好陷入了旋涡中，接着迅速涌入了长江的洪流，朝着他的船撞来。如果相撞的话，可能会撞到船身，也可能直接扎进船里，还可能把船撞到石堤上。总之，无论发生上述哪种情况，船都会沉没。这个船长立刻倒转他的船，并且利用船舵全力向后退，迅速转弯以减少撞击的危险，接着又利用发动机全速前进。据说，这是他遭遇过的最危险的经历，还好没有受伤。

　　这些大木筏主要由竹子和松树做成，通常来自湖南的森林。它们在穿过洞庭湖后沿长江顺流而下，然后将木材运到那些缺乏木材、市场需求很大的地方。它们大小不一，平面宽度从 10 米到 20 米不等；但有时候你也会看见一个长 100 米、宽 20 米的超大竹筏。人们会用竹子制造房子、席子、扫把柄、桩子，还可以制作绳子——停船的时候用它把船拴在木桩上。总之，竹子的用处很大。

　　有个贵族同胞为了欢迎一些身份高贵的客人筹办了一个宴会。我记得那时正值盛夏，天气非常热，即使太阳落山后，温度仍在 32 度左右。主人在发邀请函时通知我们必须穿晚礼服，说这是礼节需要，但是我们却穿着很酷的白色夹克，混到了穿着绒面呢大衣的人群中。

　　宴会上发生了一个非常有趣的小插曲。

参加聚会的女士当中，有两位是西方官员的夫人和女儿。她们的穿着打扮使我一眼就从人群中看到了她们——她们头上戴着王冠。参加这次聚会时，她们预定的紫色晚礼服还没有到，这个官员和他的妻子始终保持着沉默。但他们的女儿却显得特别焦急，而且看得出来是因为衣服没送到而显得很不高兴。这时，一个贵族男子质问她："你真是地位尊贵的贵族吗？"他们的女儿反问道："你是一个贵族吗？"这个男子微笑着大声说："哦，天哪！今晚真让人吃惊，竟然有人这么问我。"随后就慢慢从人群中退了出去，大家都用失望的眼神看着他。

　　这次宴会邀请了很多人，来了大约100人。中国有个习俗，每个客人都可以带着他的仆人，所以来到现场的应该有150到200人。由于满桌子都是热菜，还开着很多灯，所以房间的温度很高。我们穿的衣服很厚，这样的高温使人感觉非常不舒服。

　　接下来的事更让人遭罪。一些中国人聚集在街道上，朝开窗户的房间扔石头。一块石头从我和我右边的人中间穿过，打碎了我的杯子。没办法只能关上窗户，于是屋里的温度又升高了。主人在舞台上说了一段开场白后，大家举起了香槟；一位医生还演唱了《白色的翅膀》这首歌；燥热的人群纷纷到船的甲板上看烟火表演。温度还在持续上升，空气已经无法呼吸。烟火产生的带有硫黄的烟雾飘到了人群中。很快，这个地方就充满了呛人的烟味，使人胸膛发闷，眼睛不适，什么都看不清。

　　主人只能无奈地宣布晚会结束，比预计时间提前了一些。之后，客人就开始离场了。

高温、醉酒、呛人的烟味，我真是受够了这一切。其实我早就想离开了，但迫于主人的权力和地位都比我高，我不敢离开。可以说，我一直处在痛苦之中，一直感到天旋地转。

当我快到家时，隐约听见道路对面有人和我打招呼，原来是刚才在一起吃饭的一个欧洲人。他打算过来扶我，我也没有不让他扶的意思。但不知怎么回事，我们彼此却没搭上手，两人同时摔倒在人行道上。在这场糟糕的聚会中，我们没有感到任何愉快，都认为这是一个大笑话。我还清楚记得，我们并排坐在路边，发誓要永远做朋友。后来，我被他搀上楼。他打开了我卧室的门，于是呈现出一个让我感觉奇怪的景象——我曾经在阿拉伯沙漠看见过海市蜃楼，但是我从来没有在我的房间内看到过海市蜃楼——我的床仅有一英尺大小，房间的顶角靠近天花板，不断地上下跳动，最后变成了一个明亮、旋转的隧道。我只记得我趴下来试着爬行，当地板猛烈撞击我的脸时，我失去了意识。等我醒来时已经是第二天早上了。我发现自己斜倚着床，仍然穿着昨天的衣服。据说，我的朋友想洗完澡再睡觉，不过他进去的时候还穿着衣服，一边往自己身上浇水，一边还抱怨自己没有床单。不过这都是道听途说了。

几年后我在九江偶然参加了一场聚会，规模不大，参加聚会的是一些已婚夫妇和单身汉。

年轻人会不时地参加一些聚会。因为一个人长期处于压抑状态，情绪就会很糟，而当参加聚会时，情绪就会特别高涨，长期的压抑情绪就会爆发出来，所以经常参加聚会有利于发泄情绪。

有一次聚会，我们吃得狼藉不堪。那次聚会，除我之外还有一个意大利人和一个冷峻的高个子美国人。我们的客人是两个俄罗斯人和两个苏格兰人。晚餐结束后，我们外出前往码头。那一天月光皎洁，我们为港口的女士唱了小夜曲，然后去了领事馆。此刻已凌晨两点，我们在草坪上站成一排，庄严宣誓"上帝保佑女王"。尽管我们这些人发音不同，但都很严肃。随后又去参观了其他一些房子，但有一所房子除外，我们不敢打扰。不过最后我们还是鼓足勇气靠近了那所房子，感觉那时候我们特别像一群强盗。那所房子有八英尺高，前门上着锁。迟疑一番后，我们决定从那个低一点儿的阳台爬进去。鼾声在我们的头上响起，这警告我们必须要小心，不能吵醒他们。七个男人打出如此恐怖的鼾声，我过去从来没有听到过。等我们爬出阳台，看见很多怒气冲冲的妇女穿着睡衣站在阳台上看着我们。她们除了气愤，什么话都不说。我们被赶到了门口。她们用棍棒打我们，朝我们扔石头，整个过程持续了足有五分钟。等我们跑到安全地方的时候，衣服破了，气也喘不过来了，我还把脚崴了。

第二天，我们重鼓士气，修好了这个俄罗斯人的房子。在这里，我们喝了伏特加，吃了鱼子酱、大马哈鱼、沙丁鱼、博洛尼亚香肠和其他小点心。我们的美国朋友仍然有点冷漠。他保持着好奇心，正在研究那个活板门，那是厨师将食物从厨房运到餐厅的装置。没多久，他遭到了两名加勒多尼亚人的殴打，他被打晕了；他们又抓着他的两条腿往后拖，打碎了一个陶器。这个俄罗斯人的晚餐也就草草结束。这个美国人从陶器的碎片中站起来，宣称"除了他自己以外，所有人都喝醉了，所有人都不适合成为这个社会中受人尊重的公民"。说完后他告诉大家他要走了，于是回了"自己"的住处。

接着，我们听到了女人的尖叫声和下楼梯的脚步声。她们用头和脚摆出胜利的姿势，其中摆出战斗姿势的女人就是中国主人的妻子。她只穿了一件睡衣，外面什么都没穿。然后她在餐桌上热情地安排一切，并用香槟招待大家。那个可怜的人在睡觉时被打了，这让好几个人很不开心，一部分人直接就走了；另一部分人走到亮一点儿的地方接着聊天。

到了白天，大家互相寒暄着离开了。我想我应该和那个美国朋友聊聊刚才那件事，并解释一下。他还躺在床上睡觉，我必须叫醒他。他说他不能接受那些人的道歉。他立刻就表现出了敌意，这使我处于非常不利的位置。当我靠近他时，他立刻就走开了。这种僵局持续了大概五分钟。在这五分钟内，他把东西扔得满屋都是。

人们一听到广州的花船，立刻会把它们与那些华丽狭长的船相提并论。"花姑娘"是指那些在公众场合跳舞唱歌的年轻女性，这是对她们的普遍称呼。在晚宴上，她们会围绕在男人周围，为他们装烟斟酒，以此来获得小费。当一些穷困潦倒的父母养不起家里的孩子时，经常会把一两个自认为最漂亮的女儿卖掉。专业的培训师教她们唱歌跳舞，之后她们会被送到花船上，去为那些富人服务，使那些富人能给出令姑娘们满意的高价。

这些女孩往往都不坏，但在婚姻市场上，她们会利用各种诡计赢得一个满意的丈夫。按照她们的自身素质，有的人以四五百美元的价格嫁给了富人，而嫁给下等人的只能得到五六美元。

在南方的一些地方，尤其是广州和梧州，有一些破旧的船坞和宽敞的木屋相互连接，也没有什么特别之处。而我在梧州所看到的花船，既没有花也没有任何植物。"花船"仅仅是指漂亮姑娘常去的地方。

富裕的中国人在这些木屋里举行宴会，那是一件很时髦的事情。他们会在一个特定的日期提前租一个船坞，然后在约定的时间去那里聚会，那里会有两三个普通仆人接待他们。在一片欢呼声中，晚餐和其他娱乐活动就开始了。客人们在石板上写上字，目的是记下那些他们喜欢的"花姑娘"的名字。这块石板很快就被人带到居住在附近的女孩儿那里。没过一会儿，这些女孩儿就会出现，留下来待一段时间，和这些客人一起唱歌跳舞。之后她们就会离开，再到其他船上去应酬。

女孩儿们的歌声很难听，带有浓重的鼻音。她们还会用小脚在地上跳舞，并用手挥舞着脏兮兮的布料，显得软弱而无力。一群弹奏音乐的人，通常会在一番讨价还价后也参与到活动中。最原始的乡土"小提琴"乐曲不断嘶嘶作响，还有一个类似风笛的笛子、一个发出震耳欲聋喧闹声的木鼓。女孩儿们话音很轻，不断搔首弄姿。这里充斥着刺鼻的烟草味和大蒜味。客人们吃着炒瓜子，然后把皮吐在地上，相互呼喊着让对方听到他们的声音。

从这个鬼地方逃出来是当晚最高兴的事儿。从此我对"花船"的任何浪漫幻想都永远破灭了。

300多年来，澳门一直是葡萄牙的殖民地。这个小地方典雅而有趣，颇具中古时代风格，还保留着昔日繁荣时的印迹。现在它合法经营的赌博设施尤其引人注目，因此它经常被称为远东地区的蒙特卡罗——因为它们的确很像。

香港严格禁止中国人赌博，广州政府对赌场的征税又很重，所以大量来自广州和香港的人去澳门赌博。在这里，他们可以不怕警察的干扰在番摊自由赌博。所有赌博的地方都被称作番摊。每个番摊内只有一个赌桌，并且都在一层。这张桌子上覆盖着一层精美的草席，周围摆着四个凳子，其中三个是为玩家准备的，第四个是留给庄家的。房子天花板上被切出来一个大洞，与桌子的大小相当。靠墙有一个二层平台，平台上面装有栏杆，以便玩家在一楼玩的时候上面的人可以弯腰倚着栏杆观看。桌子的中央有一块六英寸见方的铅薄板，上面刻着一号、二号、三号和四号。

庄家面前放着一两堆铜钱，他会从这些钱中抓出两大把放在桌子上，并用一个金属碗盖住。现在是往四个数字上下注的时候了。我们可以把一块银圆放在数字三上。几分钟之内，所有赌博的人都跟着下注了，接着服务人员把一楼的赌注放到篮子里并用绳子挂起来吊在桌子上方，铅薄板被钞票和硬币包围着。现在，一个长约一英尺的细木棍开始从现金中一次刮走四枚硬币。一、二、三、四，一、二、三、四，钱堆儿开始慢慢变小。狂热的赌徒一般都是中国人，他们弯着腰紧盯着看，作弊几乎是不可能的。一、二、三、四，又少了一点现金，非常激动人心。一、二、三……三号的现金留下了。

三号赢了，所有压一号、二号、四号的人都输了他们的赌注，而那些赌三号的人在扣除25%之后得到了五倍的赌注。如果我们把一块银圆放在了三号上，就会得到五倍的金额，扣除25%之后，我们剩下了75%，相当于三块银圆外加75分。

这二三十家赌场受到了严格监管，并得到葡萄牙当局的规范管理，收入可观。

这些赌场一年之中昼夜运转，从不停业，哪怕是星期日也不歇业。因为一次赌博可以获得五分至五百银圆不等的利润。经常看到赌徒们大把地赢钱，也看到他们大把地输钱。赌徒们会把最后一次翻盘的机会压在手表、珠宝和其他贵重物品上，希望通过最后一搏来捞回他们的损失。

赌场常常会引人犯罪，尤其是那些仆人。许多中国人天生好赌，而这常常会使他们的生活陷入困境。通常情况下，摆脱这种困境的一个办法就是从主人房子里偷走某些物品，比如1个钟或12把银匙，然后到典当行把它们当了，再用这些钱去赌博。如果幸运的话，在这些东西被主人发现之前就能立刻赎回来，这样仆人也算找到了脱贫的简易方法。但如果玩家运气不好，他要么逃到其他地方，要么就会因偷盗而被抓。

信任多年的仆人会经常面临这种充满诱惑的危险。

一天早晨，我乘汽船离开澳门去香港的时候，一个中国乘客突然跳进了海里。汽船停了下来，并迅速放下一艘救生艇，葡萄牙警察登上小艇冲过去救援。刚才还能看到自杀者的脑袋浮在水面上，然而等警察赶到时他沉下去了。因为他在澳门的赌博中输得倾家荡产不敢返回香港，于是便自杀了。

许多人的命运就是这样。

中国的宴席令人感到不可思议，而且一旦经历就永远不会忘记。

在这里我要给大家讲一下我应邀参加的一个宴席。宴席通知是在10点举行。但按照中国的习俗，客人一直到10点半才到，而且又等了半个多小时才开始。客人在大礼堂里喝茶、闲聊、抽烟，饭菜摆放在三张圆桌上；三个欧洲人和五六个中国人围桌而坐；主人穿着美丽的丝绸衣服，而我们穿着黑色的衬衣。

桌子由普通木头做成，没有桌布。在远东硬木凳子就是奢华的沙发。桌上有好多菜肴，包括水果、甜食、泡菜、火腿、鸡蛋、蔬菜，等等。每个参加宴席的人面前都有一双筷子和两张纸，每吃完一道菜都会用纸擦一下筷子。

仆人把一种带着霉味儿、没发酵好的温黄酒从壶里倒进小酒杯里，每人都快速地将整杯黄酒喝掉，然后立即把空杯展示给旁边的人，证明酒已喝干了。这种动作与我们将左轮手枪对准对方脑袋的样子很像。

在主人的招呼下，宴会开始了。所有中国人都站起来，拿起筷子帮我们这些尊贵的外国宾客夹菜，让我们品尝丰盛的菜肴。我盘子里很快多了一些糖果、酸泡菜、干果、火腿，还有一个臭鸡蛋。

作为回敬，现在我们站起身帮对方夹菜。我夹起的一块鱼不小心掉进了我邻座的酒杯里。天呐！没关系，我试着夹腌菜和蜜饯，这次成功了。我的努力收效甚微，但也没有什么坏处。因为负责招待的人微笑着从座位上站起来，弯着腰对我们说，你们做不好这件事很正常。

所有这一切不过是宴席上的一些甜点，尽管它是在饭前而不是在饭后。

热菜上桌了。我们的中国朋友用他们那奇妙灵巧的手拿着筷子帮我们夹菜。以下是菜谱：

1. 各种点心，太甜。
2. 新鲜的鱼（炖的），不香。
3. 鸡肉（炖的），还行。
4. 海参，没吃。
5. 虾，难吃。
6. 白蘑菇，很好。

7. 鸡蛋，一流。

8. 海藻，如皮革般粗糙。

9. 银耳，很好。

10. 鱼子，好极了。

11. 莲子和牛奶，非常好。

12. 鸡肉（用一种特别的烹饪方式做成），没吃。

13. 蛙肉丸，我没吃。

14. 猪肉和米粉，一种奇怪的混合物。

15. 甜糯米，太甜。

16. 鸭子（炖的），好吃，最好的一道菜。

17. 鱼翅，非常好。

18. 粥，没喝。

19. 汤，没喝。

20. 鸦片、雪茄等，在这种场合不适合吸食鸦片。

在这个宴会上，我们享受了丰盛的菜肴，听到了喧闹的谈话声，也听到了赞美和笑话，以及中国人在吃饭时所发出的各种奇怪的声音。

我们要走了，于是戴上了帽子。他们从桌子旁边站了起来，和我们握手道别；口里说着"您请慢走，慢走"，然后不断鞠躬并向后退着送我们离开。

第七章

在北京

"Peking"（北京）一词译成中文，意思就是北方的首都，是与"Nanking"（南京）——南方的首都相对应的名称。

　　北京住着很多满族人。中国大多数城镇中的街道都很狭窄，而北京城不是这样的，它与世界上其他城市一样，是按照宏伟的蓝图来设计和布局的。但今天我们所看到的结果，则是对设计者那种宏大理念的一种嘲弄。从元朝起，它逐渐破败了。在接下来的岁月里，它见证了人类的智慧，也见证了人类的愚蠢。北京、长城与大运河都是这样。

　　北京城内有很多满族人，当提到北京的时候，人们都认为它只是一个满族人的城市，但其实它是一个汉族人的城市。它是如此得脏乱与自负，以至于除了一条街道外，欧洲人几乎对它没有任何的兴趣。

　　这个城市周围有一个巨大的长方形围墙，高60英尺，顶端宽20英尺，底部宽40英尺。每隔一段距离都有一个很别致的、高耸的大门穿过城墙。在这些大门之间，宽阔的大马路穿过整个城市，从这头儿一直到那头儿，从一侧一直到另一侧。

但是这些道路既不是有意铺设的也没有安装照明，而是一些肮脏的马路。在晴天的时候上面是厚厚的尘土，在雨天的时候尘土很快就会变成黑色的稀泥，当车轮经过的时候泥浆四溅。

通常情况下，距离这些大路两侧几英尺远低洼的地方，会有一些泥泞的小路，行人沿着这些小路行走的时候要避开粪坑，跨过木头压板或绕过棚屋，偶尔还会被高处飞溅的东西淋到或被垃圾堆的灰尘眯住眼睛。

这里使用的照明工具是灯笼，它用厚重的木制框架做成，外面糊的是纸，而不是玻璃。大约每四分之一英里的地方放一个灯笼，照亮的范围相当于一根蜡烛的亮度。

从街道上看不到任何高大恢宏的建筑物，而从高处的城墙上看，全是相同的屋顶，相同的高度，相同的灰色，相当单调乏味。这种情况主要是因为高楼很少，富人的住宅除了被高高的外墙遮挡外，还与商店和棚屋混在一起，很难区分它们。

在北京的中心，围绕着一圈20英尺高的墙，上面镶着黄绿色的琉璃瓦，这就是紫禁城，皇族居住的地方，这也是直到现在仍不让欧洲人进入的地方。紫禁城里有城墙，有很多壮丽、浮华但是破败的宫殿，有一些石块建造的、大到足以容纳驴子通过的下水道——这表明以前有排水和卫生系统，尽管现在已经没有这些东西了。此外，还有一条不起眼儿的水渠和一座煤炭堆成的小山——在被围困时作为后备供应，现在是首都的一个建筑景观。

一位俄罗斯外交官曾对我说，他认为北京是"肮脏而美好的"，这个描述完全符合我的看法。这个有着宏伟构想的疲惫身躯，正承载着千年前的文明艰难前行。这不像希腊或罗马向游客所展示的那样——只是残迹，而是真实的东西。虽然西方的变革精神对中国仍在起着作用，但变化并不大。

在这个巨大的古博物馆里，人们总能发现一些引人入胜的东西，而在我看来，普莱斯考特的名著《征服墨西哥》中的许多场景，与这个遥远的北方首都里所展现的情形非常相似。很久以来，由于与西方世界隔绝，再加上不断的民族扩张，他们局限于只崇敬本民族的悠久文明，而对于外国所创造的多彩丰富的文明画卷，却只是蔑视。这真令人悲叹不已。

在这里，出门的主要交通方式是坐马车、骑马或步行。轿子是最舒服的交通工具，主要为皇室成员、外国或本地高级官员提供。

那些马车很大，硬邦邦的没有弹性。在晴朗的天气里，乘客们为减少颠簸就坐在马匹或骡子后面的挡泥板上——脚在车轮前面晃来晃去。在有风的天气则要爬进车篷里，因为没有座位，只能坐在车的平板上，然后把帘子放下，这样就阻止了大部分灰尘，但也挡住了所有的视线。如果在尘土飞扬的空气中疾驰，很快就会被弄得浑身是灰，衣服、头发、耳朵上全是灰尘，甚至从眼睛和鼻子里面往外掉。经常在这么肮脏的尘埃中生活会导致大量的眼科疾病，甚至进一步导致失明。这在整个东方都很常见。

在雨天的时候，马车的车轮会陷到黑色的稀泥里，这些稀泥会从轮子上飞溅到各个方向。在这些车经过的时候，马匹或骡子的脚上、过往的行人身上和道边的商店门口处都是泥。

幸运的是这里还有很多非常好的天气，当泥土和灰尘都没有的时候，一个人可以静静地走在松软的路上——这种道路非常适合骑马。在这样一个清晨——阳光灿烂、空气凉爽、气息清新、景色宜人。晴朗的天空中还有成群结队的鸽子，它们身上有木头或黏土制成的哨子，随着每一次盘旋和飞行，会发出奇怪而悦耳的声音。

中国人非常喜欢动物，这一品质即便不是天生的，也是受佛教熏陶而成的。

我经常看到一个衣冠整齐的中国男子四处闲逛。他手里拿着一根弯曲的木棍，棍子的顶端拴着长约四英尺的绳子，绳子上拴一个小鸟。这样这个小东西就无法飞走了，每次都会回到小木棍上，叽叽喳喳欢快地叫个不停。

我还看见另一个闲逛的人手里提着一个柳条编的鸟笼，他像服务员把餐具扛到肩上一样也把鸟笼扛在肩上。这些鸟包括天津云雀和其他叫起来很好听的鸟。在一些开阔的地方，主人会把它们放在地上，然后走到离它们远一点的地方向它们吹口哨，这些鸟就会突然叫起来——很明显是在取悦主人和旁观者。

有一个通道被外国人称作鸟笼长廊，这个长廊是为爱鸟的人设计的。在这里，鸟放在笼子里不是为了养，而是用来出售。这些鸟十分温顺，像云雀、麻雀、鹦鹉都安静地蹲在那里，有些鸟腿被绑着，有些则没有。

在这里也会看到一些柳条笼，颜色像橙色的奶油，里面装着正在售卖的普通的鸟。一些心地善良的人会在下午参观这个长廊，目的是花二三十块银圆买一些小鸟，然后把它们放生，让它们自由地飞向天空。

中国人关于死亡和生命的观念和我们不同。

对于我们来说，父母有抚养和照顾孩子的责任，这种责任被法律和社会所强制，然而子女几乎没有照顾父母的责任。

但对于大多数中国家长来说，一方面孩子是父母的延续。

他们对待后代的态度，既不考虑公众的意见也没有国家法律的干涉。毫无疑问，在某种程度上杀婴是被允许的，据说父亲甚至有权惩罚成年以后的孩子。

另一方面孩子们被各种纽带束缚着，任何时候都要服从、尊重、支持甚至崇拜他们的父母。孝顺是所有美德中最重要的，在这方面做得不好的人会被人看不起。

我们认为生命是有限的，我们出生、死亡、归于未知，最终会被人遗忘。

中国人把自己看作无限的一部分。在他死后，整个家庭都会哀悼他，仍然会很尊重他，就像他还活着一样。他们会在一个景色宜人的地方建一个庄严的坟墓，再在那里种上树，有时甚至有人造的水流；这样，脱离肉体的精神就可以享受阴凉的树丛和清爽的微风了。祭品是通过他们的孩子或者孩子的孩子一年接着一年提供的——这也是祖辈们的做法。可怜的是，如果没有儿子的话就没有人在他坟前献祭。

在北京，葬礼队伍有很大的规模，我曾见过超过一英里长的送葬队伍。这种夸张而又铺张浪费的葬礼可能要花成千盎司的白银。他们会用各种纸做成实物大小的马、骆驼、鸵鸟和其他动物，用板条和纸做成房子，还会把一串串假的金银财宝在棺材前焚烧，据说这样就可以送到另一个世界供死去的人使用。

中国北方的冬天非常寒冷，天津的港口会冻结六周到八周。温度经常降到零度以下，但由于天气比较晴朗，感觉并没有那么冷。夜晚，星星在天空中一闪一闪发着亮光，而冰冷的寒风似乎总在回响着金属般的声音。乞丐和无家可归者每晚都会被冻死十几个，整个国度在清政府统治下毫无生机。

由于烧着一个大型的美国炉子，我的卧室很暖和。但是在早晨我经过浴室的时候——浴室是砖头地面，纸糊的窗户——我感觉冷得和屋外一样，尽管在浴室的一角有个小炉子，木盆里也冒着热腾腾的水汽。我只能飞快地简单洗洗，洗完就赶紧躲到卧室里。当小炉子自己熄灭以后，水盆里的水就会变凉，不一会儿就会结冰。

　　随着冬天进一步推进，我的浴缸边上就会结冰，并且随着水滴的增加，结的冰会有三四英寸厚，还会冻地使浴缸破裂。所以每天早晨，我都像在一个冰窖里洗脸，仅仅在脸盆的底部有一丁点儿温度。

　　在街道上，富裕的中国人用皮毛和好几层棉衣来御寒。他们穿得非常厚，头上戴着颜色明亮的帽子，在下巴下面还用扣子扣着。而可怜的乞丐，只能半裸着身体，弯腰拿着饭碗，蹒跚着喃喃自语。他们饥肠辘辘地用眼睛默默盯着路人的脸庞，祈求帮助和怜悯。

　　当我在晚上骑马沿着这条街走的时候，看见一个中国男人拿着一个热气腾腾的馒头往家里走，馒头是刚从路边的一家馒头店买来的。一个两手空空的乞丐从他的手里抢过馒头，塞到嘴里撒腿就跑，丝毫不理会那个人对他愤怒的骂声。

　　北方的冰面不是很好，由于总刮风，上面总有很厚的灰尘。但在冬季开始时，在第一次沙尘暴来临前，能有好点儿的冰面。

　　人们会用厚木板围成一个空场地来阻挡灰尘，然后在里面灌上水，这样地面就冻成了冰。溜冰场是最受欧洲社区欢迎的午后休闲之处，但场地太小，滑冰的人太多，所以根本不能尽兴滑。

我曾经在城墙外的护城河上滑冰，那里的冰面也不太好，它吸引人的地方在于中国人的滑冰表演。一般来说，他们只用一只脚穿冰鞋，用另一只脚踩着冰，当达到一定的速度时，他们便张开双臂向前倾斜，鼻子几乎要碰到冰面，然后把那只没穿冰鞋的脚放到背上。似乎他们觉得像鸟一样单腿滑行很优雅。

　　在这个季节，一些长着棕色皮毛的优雅的双峰骆驼会从内蒙古过来，它们驮着大量的肉和皮毛，以及来自满洲里、阿莫尔河的一些冻货和北京北部煤矿的煤。

　　通常，一个披着毛皮大衣的蒙古人，会在这群骆驼的前面走。他会用绳子绑在骆驼鼻子上牵着第一头骆驼，用另一根绳子把第一头骆驼的尾巴与第二头骆驼的鼻子连在一起，以此类推，直到八头或十头骆驼整个连接起来形成一队。它们以优雅轻快的步伐前进，唯一的声响就是挂在骆驼脖子上的铃铛声。

　　其中一头骆驼驮着这个蒙古人的全家，他们坐在两个大筐里，小圆脸蛋儿的孩子们从他们的筐里窥视着这个陌生而流动的世界。

　　我还看到一头小骆驼，明显是被扔掉的，它被扔在一个大坝后面的垃圾堆里。

　　有知情的中国人告诉我，在冬季，每天会有超过一万只骆驼进出北京。它们美丽而高贵，看起来也很温顺。

　　有一次当我在马可波罗桥附近打野鸭回来时，被数以百计等待进入西门的骆驼紧紧挤在一边。它们用很有耐心的眼神俯视着我。尽管我大声喊叫，用鞭子抽它们来为我的小马开路，但它们仍然既不踢也不咬。

　　春天，它们的毛大片脱落，样子非常可怜，这些毛会被收集起来编织成著名的天津地毯。

在夏季，它们像野鸟一样消失了，去北方的蒙古高原寻找清凉的牧场。

北京不是一个海港，几乎没有受到对外贸易的影响，定居在那里的欧洲社区完全由军事外交官、海关检查组、学校教授、传教士和店主这些人组成。

在冬天，当与外界的交流比较困难时，具有很高层次与品位的北京社区便会举办一系列的晚宴、舞会和招待活动来自娱自乐，同时，东方世界的种种新奇事物也为这个社区提供了许多有趣的东西。

在一个住在干面胡同的法国朋友的陪同下，我去了长城——需要走两天的时间。骑着马，赶着骡车，趁着寒冬还没有到来的时候我们出发了。

我们在紫禁城外的冰面上缓缓前行，白天的时候从一个大门走出了北京，然后走过一条宽阔的道路，遇到了一个由骆驼、骡子、小毛驴、小车和苦力混合成的大队伍，它们都拉着东西，以供应城里的市场。

这里几乎冷得要命，每个人都是专心致志地做自己的事情，而不是去打量过路的人。因此，我们的骡车没有好奇的人围追，走得也很快。

大约 11 点钟，我们被一阵大风引起的沙尘暴包围了，于是我们不得不在一家旅店躲避，并讨论午餐吃什么。我们住的房间在客栈的院子里，没有门，一小群好奇的人迅速围过来看我们的每一个动作。拥挤的人不断增多，直到几十个人。我的朋友出去想跟店主说说，但发现他正在门口忙着收钱，每人付五块钱才准许进去看我们这些欧洲人以及吃的东西。

风突然停下来了，沙尘暴也平息了，我们继续前行，傍晚到达了羊坊村，这里是我们今晚睡觉的地方。

在这里我差一点儿死了。

在整个中国北方，被称为"炕"的砖床非常普遍。这些炕的高度约为两英尺，呈长方圆形，内部中空。在一端有个小孔，上面覆盖着草席。白天，火在这个孔中燃烧，炕里面都是热的，砖体会逐渐升温，这样可以保持整晚的热度。火熄灭后，上面铺上厚厚的被子、毯子和枕头，弄得像一个沙发似的。

我以前从来没有见过这种炕，加热的方法也没有人给我解释过。当感觉越来越冷时，我就把柴火放在燃烧的余烬上，然后就去睡觉了。在我意识到可怕的噩梦之前，我已经睡了很久。当时我非常热，并且根本动弹不了。我的舌头肿胀，喉咙干燥，当我想要喊出来的时候，却发不出来声。我的眼睛很疼，一睁开眼睛就闭不上。我清楚地意识到自己正在窒息，却无能为力。我惊恐万分，看着明亮的月光照在纸窗上，直到失去知觉。

接下来，我所记得的是冷空气扑在我脸上，水滴在嘴里、脖子和胸前，有力的臂膀支撑着我，我的马夫朋友在月光下呼唤着我。

我得救了，这要归功于我的小马的缰绳断了。由于缰绳断了，小马在寒冷中变得有些烦躁不安，马夫进入我的房间去拿另一个备用的缰绳，因为我总是随身带着它。第二天早上我浑身颤抖，头疼得厉害，但还能够继续往前走，随着时间慢慢过去，身体才逐渐恢复了过来。

有必要补充一下，把新鲜木炭放在火上是造成这件事情的原因，但我当时并不知道没有烟道可以排走烟。

把马和车留在了羊坊村后，我们骑着更加稳当的骡子继续前进，虽然高高的木制马鞍和很短的马镫令人很不舒服，但我们还是出发了。

在穿过一个大约 10 英里宽，满是石子儿的平地后，到达了南口或南山，在那里我们进入了山区。

这条路对于动物来说相当不错，尽管它们经常被部分冻结的河床隔断，溪流的水清澈得如水晶般剔透。在一座山前面，我们遇到了一队很长的队伍，队伍由人和牲畜混合组成，他们正要把货物从蒙古运到北京。

风景很美，整个路上都能看到好几个世纪之前建造的堡垒和城墙废墟，它们是当时防御敌人入侵的主要设施。

我们看到三四只野鸡，还听到许多野鸡的叫声，这说明在这些崎岖的山路上很适合狩猎。在一个精美的印度式建筑——拱门旁，我们停下来吃完午餐。之后我们抵达了八达岭（八个崇高的山峰），在那儿我们领略到了长城的美景。

从一片荒芜的地方爬到最高处，我的朋友忙着拍照，而我则继续考察这个闻名世界的古迹。

我的步伐很大，要用 14 步才能到达墙上面。上面用方砖均匀铺砌，我认为墙的高度在 20 英尺到 30 英尺之间。塔楼以不规则间隔的方式分布，其中一个里面有一堆长约两英尺的大口径短炮——其大小相等，并用铁丝绑住炮筒以增加强度——看起来很像老式的排水管。从外观看起来并不可怕，可能它们对使用者比对敌人更加危险。

长城是在基督诞生前 200 年建成的，绵延起伏，长约 1300 英里，确实是人类的一座伟大丰碑。它用大砖铺就，保存得相当完好，绝不像一些描述者断言的那样到处是乱石和垃圾。

我们没有独辟蹊径，而是沿着公共线路行进，越过峭壁，钻进山谷，可以看见高耸入云的山脉，直到它变成一条细线，最终消失在远方的景色中。继续往前走，我发现悬崖几乎是垂直的。这段城墙一侧呈台阶状，而在另一侧往下走时则非常陡峭，为了安全起见，我用手和膝盖着地倒着往下爬。

长城是为保护中原人免受野蛮人的入侵而修建的，从满洲里、蒙古和北亚而来的野蛮人，常常一路南下来平原掠夺。

这些城墙都有一个矮的护墙，石墙中间的石阶从顶部经过小门通向地面，以便给防御者提供进出的通道。但在面对蒙古的一面，墙体约有四英尺半高，可以提供足够的保护，并且每五英尺都有一个炮孔。

它是世界上的伟大奇迹之一，据说其建造历时10年。现在试图阻止敌人的猛烈进攻是徒劳无功的，因为如今都是通过现代火炮进攻。

为了给这次考察留个纪念，我选择了保存一块完整的方砖。我用手帕把它包起来背在肩上，开始了我的回程。前三四英里的路还好，但之后砖块变得越来越重，几乎背不动了，并且不断撞击我的后背，再加上骡子急促的小跑，使我几乎无法忍受。我试着把它固定在马鞍上，但好像把这个问题想简单了，骡子和方砖弄得我手忙脚乱。所以在经过几英里的绝望斗争后，我带着既厌恶又感激的心情把它给扔了——很可能它现在仍然在那个地方。

我们在天黑之前到达了羊坊村，享受着休息和晚餐。由于是满月，再加上我们急着在第二天早些时候返回北京，所以我的朋友建议当天晚上继续往前走几个小时。

精力充沛的小马代替了疲倦的骡子后，我们骑在马鞍上备感幸福。愉快地走了一段路程后，天气越来越冷，大家也感觉越来越疲倦，几乎就要睡着了，于是我们决定在下一个旅店下马休息。然而等到达旅店的时候，我们才得知已经没有了过夜的地方，因为这家旅店已经客满了。所以我们不得不再次上路，心态也已经变得急躁。下一个旅店还是那么拥挤，下一个、再下一个也还是那么拥挤。就这样，我们持续艰难行进了五个小时，其中睡觉的时间比醒着的时间多。我只记得当时有一片薄雾般的冰雪覆盖在地面上，小马在穿过冰冻的浅滩时滑了一下，我差点被摔下来。早上的时候我们敲了另一家旅店的门，结果又一次被一句可怕的话拒绝了："已经客满了。"

　　我的朋友流利地说了一些行话，他使出了浑身解数，不过功夫没有白费，果然有了效果。门被小心翼翼地打开了一个缝，我一下就跳进了院子里，当时我看到炕上只有一个人，于是我把他从炕上拉下来，自己躺了上去。当时明显感觉到有一股刺鼻的鸦片烟味儿——这是中国最大的祸害也是最大的恶习。

　　醒来后，我发现身边的朋友还在睡觉，而天已经大亮了。肮脏的旅馆里已经没有人了，因为过夜的旅客在黎明前已经坐着车赶着他们的牲口离开了，所以我没有看到那个被我粗暴地拉下床的人。我走的时候为他留下了一块银圆，放到了旅馆老板那里，尽管我知道这个钱永远不会到他手里，但这么做可以平复一下我心中的内疚感。

　　我们没有走太远的路，在午饭前就回到了北京。

　　在那个冬天，我去的另一个地方是明代皇帝陵墓的遗址，俗称"十三陵"。那里有几个大的宫殿和宝塔，但没有什么建筑美感，因为已经相当破旧了。

其中一个宫殿旁边排列着一些巨大的雕像，有军人、政治家、马、骆驼和大象等，每个雕像显然都是从一整块石头上刻下来的。

因为在 260 年前，中国明朝是被现在的统治者满族推翻的，所以它也不保护这些有趣的遗迹。

夏天的时候整天都热得要命，在阴凉处，温度计经常在 32—38 摄氏度之间变化，肮脏的街道使天气变得更加令人难以忍受。

到了晚上就非常凉爽了，人们在睡觉的时候盖一个毯子就可以了。虽然蒲葵扇就放在床上，但和在一些中部省份一样，扇子从来就不是必须要用的。话说回来，凉爽的清晨或傍晚在城墙外骑马是最享受的，宜人的景色使人心情愉悦。

沿途你可以看到，杂技演员们在练习他们的绝技；神色紧张的悲剧演员则面对着假想的观众高声抗议；拾荒者用带铁尖的棍子把他们拾到的杂七杂八的东西进行分类；一些散养的黑猪被成群买走；弓箭手们在一个大棚子下面竖起一个大约八平方英寸的靶子，认真练习射箭，并努力改进自己的姿势和熟练程度。

很多网球赛事常在俱乐部和各家私人院落举行，大部分外交团体和传教士也会在天气炎热的时候搬到距北京大约 12 英里的西山寺庙，或乘坐火车到滨海度假圣地北戴河。

一天下午，一个欧洲人和我在北京城外骑马走了大约 10 英里去参观颐和园废墟。自 1860 年被英法联军破坏以来，这里仍然是一个凄凉、杂草丛生的荒地。我们把小马放在一家客栈，一个好奇的老乡想知道我们锃亮的马镫和马嚼子是不是银子做的，因为中国人从来没有想过把他们自己的马镫和马嚼打磨光亮。我们继续步行到一个主要的入口，因为当时正在进行修复工作，所以守门人拒绝让我们进去。我们跑到另一侧，从一处没人的墙缝钻了进去。后来我们到了一座破坏严重的亭子，正当我们俯瞰湖面时，被一位敬业的看守叫住了，他要求我们离开。这时，我们正准备去另一边的开阔地，突然走来一群进行维修的工人。他们停下来盯着我们看，但没有采取敌对行为。我们本来可以平安地往外走，但那个欧洲人想要练习汉语，便不顾我的警告，面带笑容走近他们。可他刚一靠近，那些人就开始向我们扔砖头和石头。我们落荒而逃，快速向出口跑去，那些人还在叫嚷着追打我们。直至回到客栈我们才停下脚步，然后骑上小马继续我们很不光彩的逃跑。我没有受伤，但我同伴的头被打了一下，我不由得暗自庆幸。由于他的鲁莽行为，我们不仅遇到了很大的危险，而且被阻止进一步考察这个历史遗迹，因为它严禁所有欧洲人靠近。

我在 1889 年末离开北京去了天津，两地之间 90 英里的路程并没有铁路，我要么骑着马或赶着马车沿着纵横交错的乡间小路到达，要么在距首都 14 英里的通州坐船经由白河到达。我决定坐船去，这样比走陆路更舒服些。

冬天很早就来临了，已经有了一些冰，经过打听，这条河还可以通航。我的行李被堆放在两匹骡子拉的又窄又长的车上，而我和男仆则每人骑着一头小毛驴。我走在从北京去往通州的石路上，由于大雨和随后的霜冻，本来舒适的乡间小路现在几乎无法通行了。

这条路可以说是中国大兴土木的一个见证，但现在因年久失修而废弃了。

它有 12 到 14 英尺宽，由一平方英尺大小的大花岗岩铺就，每块花岗岩长 3 到 7 英尺。它原本是一条完美的平坦大道，岁月与车轮的碾压使坚硬的石头路出现了七八英寸深的车辙，所以行驶在上面的马车两端会发出很大的响声。几乎不可能让牲畜拉着装有陶器或其他易碎的东西在这种道路上行驶，无论包装得多么精细，肯定会碎。

　　到达通州时，我看见大量浮冰随水流漂流而下，于是相信了船夫所说的那条河仍通航的信息，就把行李转移到一条船上，我和男仆以及猎犬上了另一条船。在下午三点左右我们才能出发，预计在晚上可以抵达天津。

　　天黑之前，浮冰就开始增加，我在船舱里裹着毯子喝茶，可以听到船夫们很大的说话声，他们在聊我们的船航行时将会遇到的各种情况。他们都是天津人，所以急着在河水结冻之前到家。大约六点钟的时候，我们走了大约有 12 英里的路，船突然撞上了刚刚形成的冰层，阻挡了我们前进的道路。通过大家的共同努力，这两艘船都被推到了离岸边几英尺的地方，结果又被新冰块紧紧冻在溪流中。在冰块的冲击下，我们周围响起可怕的摩擦声，直到八分之一英寸左右的薄冰被击碎。

　　我们不可能冲出重围了，于是我立即派一名船员返回通州找马车继续前行，但令我吃惊的是他凌晨两点才回来，也没有租到马车。

　　情况非常糟糕，但我必须要及时到达天津，在通航关闭之前乘船去上海，因此我派了男仆和另一个船员一起去寻找运输工具，并叮嘱他们要不惜一切代价弄到。这次终于成功了，在大约上午 10 点钟的时候他们带回了一辆很棒的马车，由一匹小马、一头奶牛和一头驴拉着，但它们是以 40 块银圆的高额租金租下的。

　　我的货物和财产又被转移到了这个车上，在向失望的船夫们支付了五块银圆的费用之后，我们以每小时不到两英里的速度出发了。

　　坐在行李车上感觉很冷，于是我下来步行，走着走着，很快便把车远远抛在后面。但我怕行李车走错路，所以又不能不管它，于是我向前走一段路，就返回来迎接马车。

　　天黑以后，我们停在一个普通的小旅馆前，它是一个建在脏兮兮的院子里的几个棚屋，院子里堆满了车、牲畜，还有猪圈、鸡窝。我找了一个有炕、破纸窗和不平地面的简陋房间。

　　蜡烛在窗边淌着蜡，我在旁边吞着冰冷的食物。尽管非常累，也感觉很不舒服，但睡不着觉。第二天凌晨三点钟的时候，我们又一次在闪烁的星光和刺骨的寒风中出发了。

　　在经历了四天的痛苦旅程之后，一切都结束了。大约中午时分，我到达了天津的朋友家。没有来得及吃饭、洗澡，也没顾得上自己的脚疼，我们匆忙赶路，终于赶上了当天晚上去上海的最后一艘轮船。

第八章

只言片语

从英国到中国有三条线路：

1. 陆路，乘火车通过欧洲和西伯利亚。
2. 西行，横跨大西洋、北美洲和太平洋。
3. 东行，经由地中海、苏伊士运河、红海和印度洋。

最后一条或许是最有趣的线路，并且在众多线路中也是最舒服的一条线路，因为你可以在英国港口搭乘一艘豪华游轮——船上有舒适奢侈的酒店，直到你在香港或上海登陆。

这些豪华游轮都是名副其实的浮动宫殿，它们的大厅都是镀金的，装修十分豪华，有彩色地毯、照明电灯和电风扇，餐厅的条件不比伦敦或巴黎的任何餐厅差。船上有音乐室、图书馆、吸烟室、酒吧、洗衣房、理发店以及大理石浴室，种种便利设施一应俱全。

我曾经坐过一艘破旧的德国轮船，船上有个乐队，每隔一段时间就出来演奏一场。其中有一些房间里有冷灶。所以当轮船通过红海或其他炎热地区时，你可以关上舱门，靠近冷灶使自己凉快一点儿。

我不太了解这些冷炉的工作原理，但它们在某种程度上与冰箱很相似。它能冷藏船上的鲜肉和水果，而且还能泵送乙醚和冷空气。

它的外形很像法国瓷炉，立在船舱的一侧，你可以通过调节器把温度降到冰点。在炎热的天气里，船舱里有它肯定会非常舒服，对于招待旅客来说它也非常重要，但我觉得人们未必都愿意使用它们。因为在我看来，人从甲板到船舱，周围温度从三十七八度骤降到十五六度肯定于健康不利。

沿着东行的路线走，你是迎着太阳，所以每天都在缩短。沿着西行的线路走，你是背着太阳，所以每天都在延长。

环球旅行的时候，这些缩短或延长的总时间是 24 小时。因此，如果沿着东行的路线到达英国，你的行程时间将会多出一天；你可能以为是星期二而不是星期三，而事实上你不得不在一周内度过两个星期三。相反，如果沿着西行的路线到达英国的话，你的行程时间就会减少一天；当你认为星期三要返回的时候，你会发现其他人都认为是星期四，到第二天早上，你又不得不承认是星期五了。

在穿越太平洋时，为了避免这种混乱，所以总要调整日期。

当向东航行时，船长会通知大家，日历上将有两个连续的星期一或星期四。这样做是为了用完额外的一天。

另外，当向西航行时，一周中有一天必须被删除。如果你要在规定的日期到达港口的话，肯定来不及。

关于这一点，人们经常讲一个故事。在从温哥华到香港的某次航行中，一些传教士周日上午十点半在船上安顿下来，并在船舱顶部的一个地方——通常用来张贴消息——张贴了他们的信息，但忘了咨询船长或征得他的同意。

船长不想被忽视，也不愿在他自己的船上悄悄地被修订日期。到第二天早上乘客们发现，在传教士的通知旁边多了一个正式通知，上面说：上午十点之前一直是星期日，之后将是星期一。

我所知道的世界上最舒适和最宁静的旅行，是乘坐大型邮轮在长江上航行。从上海到汉口，这趟旅程要乘坐邮轮航行600英里，然后转乘更小的船，再航行400英里到达宜昌。

邮轮上有干净漂亮的桌子、快乐大方的船长、优秀的中国管家、电灯和豪华沙龙，客舱很大——面积是最好的海上邮轮客舱的两倍，并且上面乘客稀少，没有噪声，也不会晕船。轮船日夜在平静的江面上航行，周围像梦一般的宁静；每隔几个小时它就在港口短暂停靠，以处理货物。河边有一些为中国乘客提供服务的船站，但这些乘客并不与欧洲人交往，而是将大厅分开供自己专用。其中一些船是建于60年代初期的黄金时期，以美国轮船为模型，只是比原来的小很多。

这些旧船有一大特点，那就是船上的大浴室非常舒适，并且非常多，以至于一些乘客会走错浴室。我就听说过一个年轻人误闯船长浴室的事儿。他刚从家里出来，做什么事都很紧张。说他误闯，是因为那间浴室是船长自己房间的专用浴室。当他闯进房间的时候，浴室的门没有关好，他正好与正在洗澡的船长妻子撞个正着，他立即跑了出来。考虑到事情比较严重，所以他马上去找船长并向他解释清楚。他在解释这个很难堪的事情时比较紧张，但他发现那位丈夫正在房间里读书，静静地听完他的解释后简短地说了句："啊，她的身材非常好，不是吗?"

这个小插曲就这样结束了。

好几个世纪以前中国人就知道如何使用指南针了。但就像他们所做的很多古怪事情一样——他们的行为方式与欧洲人相反——他们使用指南针的方式也与我们相反，比如他们说一阵东北风或一阵西南风等。

我从来没有听说过"向右"或"向左"这种表达，因为我们总是习惯说"向东南方"或"向西北方"，事实可能也是如此。甚至当你在城市里问路时，当地人告诉你的是指南针指示的方向，而不是街道的名字。

中国的螺丝是从右向左拧的，这与我们上螺丝的方向正好相反。我这里有一个实例。一天早晨，当我从山上回来的时候，一个轿夫偷偷地从我的午餐篮里取出我的酒瓶试图拧开瓶盖喝几口威士忌，但他不知道开瓶方式有差别。实际上他是把瓶盖拧紧了，直到最后拧断了。等上船几个小时后，我才发现我的瓶盖坏了，一排深深嵌入金属盖上的牙印，清楚地表明了事情的缘由。

在北京学中文时，我的老师常常会在漫漫冬夜的晚饭后到我那里。我们坐在熊熊燃烧的火炉边，通过随意讨论感兴趣的话题来练习中文。在我听到了许多奇怪的事情后，总是困惑于一个问题："这些事情能是真的吗?"

有一天，我买了一些不是很贵重的毛毯，不知道它们是不是羊皮的，于是问了一下老师。我记不清当时他是怎么回答的了。但当把话题转到毛皮上时，他告诉我，一些稀有的狼皮实际上非常昂贵，因为蒙古猎人捉到狼后就活着扒皮，并以一种独特的方式穿在身上。

他说当用这些东西做成毛毯时，在野兽、强盗或任何有威胁的危险靠近房屋时，它们就会像活的动物发怒时那样，全身的毛都竖起来，并且及时向进犯者发出警告。所以它们的价值非常高。

我从来没看到过这种毛皮，这种故事带有浓郁的东方神秘色彩。

水牛是中国农村生活中的一道风景，尤其是在中部和南部省份。它们的毛比较长，腿比较短，个子比普通牛高一点，脖子上的脑袋很大，脑袋上还有两个大犄角。它们的样子非常凶猛，然而令人奇怪的是它们却非常胆小、温顺。夏天，为了避暑和躲避蚊子，它们会跳进溪流或泥潭里，在那里躺好几个小时，只把嘴巴和眼睛露在水面上。这是一个令人愉悦的场景：一头看上去笨拙又有点儿凶猛的水牛，被一个乡下小姑娘用一条细绳子静静地牵着鼻子走。姑娘走累了就让水牛卧下，用绳子拴住它的头，把她的小脚放在那巨大的犄角上，慢慢地被水牛从地上抬起，轻轻地放在它宽阔的背上。她可以跪在上面玩，虽然她的职责是放牛。

这些水牛主要用于种水稻。因为中国人很少吃牛肉，所以它们通常都会死于衰老。

有一次，我看见一大群本地人从一片野草丛生的地里悲痛地回到村子里。经过询问我才知道，他们刚刚埋葬了一头水牛，这头水牛在为他们辛勤服务了二十多年后死去了。

还有一次我在汉江边拍照的时候，看见一头大水牛，背上有四个孩子。他们是在水渠旁放牧。水渠和一个大约十英尺高的陡峭堤岸之间有一片草地，草地很软，我悄悄接近时没有被他们发现。一个野兔突然蹿了出来，我就开了一枪，结果水牛突然冲出了水渠。由于孩子们没有什么抓手儿，只能相互之间拉着，所以他们一下子都被水牛甩到了水里。在水里只能看到一大堆胳膊和大腿，看起来很有趣。

中国的农舍与这个国家中那种大而舒适的住宅差别很大。它们仅有一层，还是由原始黏土制成的棚屋。棚屋有瓦片屋顶、油纸窗户和土地面，虽然有家具，但是属于最粗糙的那种。房子通常位于整个院落中央，周围没有走廊和花园，旁边一般有附属的房屋和污水池，大门外通常还有一个打谷场。猪、狗、家禽和山羊在屋子里随意走动，用于耕地和打谷的两三头牛则被拴在旁边的树上。

虽然小麦、玉米和谷子在北方种植面积很大，但南方的主要农作物是水稻。水稻无论种在那里，都需要大量的水。水稻一开始是种在一小块干燥的地里，之后再移植到水里，它会长得像草一样又绿又壮。这些水田的面积一般不超过半英亩，有时可能会更小。首先，人们通过灌溉系统给这些地块灌上水，深度一般在三四英寸，然后用一头水牛拉着一个装有铁片的木犁充分翻动土地使其松软。耕完地后开始耙地，农民站在耙子上赶着一头水牛在水田里艰难行进，直到田里变成肥沃的泥浆才开始插秧。插秧时用手把一棵棵稻苗栽下去，每棵苗儿的间距大约是六英寸。田里始终要有一些活水流动，并保持一定的水位。成熟的时候水稻能长到两英尺半高，在这之前要先把水放干，随后就开始用镰刀收割了。

等田里收割水稻的时候，人们通常会带着一个直径约四英尺、高约三英尺的大木桶，割下一撮稻子后，拿着稻子的末端，用力对准木桶将稻穗敲打五六次，稻粒就会掉到桶里。当这个桶装满后再用另一个空桶继续装，然后再把这些装满稻粒的木桶拿到打谷场。在那里把它们一锹一锹地扬向风中，风会把糠皮吹到一边，而脱壳的大米则会堆成一堆儿。当收割的庄稼没有被打成稻粒时，人们会把它们先堆在稻田里，有时会挂在大树低矮的树杈上以防水淹，随后再拉到打谷场上用牛踩踏那些稻谷，或是农民和他的家人用竹竿敲打使其脱粒。

在一些村落和小镇里，人们的房舍离得都比较近。有一种常见的做法，那就是小鸡一出壳儿就会给它染上颜色，这样每个家庭主妇就可以清楚知道哪些小鸡是自家的了。有的妇女会把自己家的小鸡染成鲜艳的红色，有的染成蓝色，有的染成绿色。当这些五颜六色的小家伙出现在街道上时，我们这些欧洲人觉得这既滑稽又新奇。

从乞丐到文化人，几乎所有中国人对鬼、梦等一些超自然的东西都深信不疑。

如果你对此表示怀疑，他们不会轻易同意你的意见。他们反而会认为你的想法非常荒谬可笑，并认为说服欧洲人来相信这些东西是一种徒劳。

沙市位于扬子江上游 900 英里处，是一个不起眼的城镇，这里人口密集且人们对外国人充满敌意。1899 年秋天，我和另一个英国人就住在这里。在我们到达前几周，一些人烧毁了所有外国人的房子，并迫使囚犯用小船帮他们逃命，这件事情引起了我的注意。

当时，中国社会长期处于混乱状态。四川邻省的一个叛乱者非常猖獗。那里有一个叫余蛮子的人，正在领导一场旨在肃清基督徒和外国势力的运动。尽管当地官员通过种种努力让他们释放了一些人，但他们还是杀了一位法国神父，囚禁了另一位神父。

这个可怕的叛乱者的行为自然就成了我们日常谈话的主题。一位受过多年教育、经常向我通报当地一些事件的睿智绅士曾对我说，当地人都认为他身上有各种神秘力量。他用怀疑的眼神看着我补充道："当然，这不可能是真的，只是茶馆里的闲话而已。"

稍微停顿了一下后，我非常坚定地告诉他，不管其他外国人信不信，我个人坚信世界上存在着超自然的力量。

我没有抬头，但能感觉到他很严肃地看着我，目光中带着嘲讽，但我竭力保持镇静，并有意进一步讨论这件事。于是我去找了些雪茄和其他提神的东西，来帮我们度过这段下午时光。最后他又提到了这个话题，可以看出他对这个话题很感兴趣。他用一种自信、低沉而又激动的声音告诉我，下面这个事和余蛮子有关。

刚开始叛乱时，余蛮子这位聪明的亡命徒已经召集了一群追随者。他在他们的脚踝上系了很重的东西，以至于他们起初根本无法走路。但经过不断努力，他们逐渐能够挪动几步，后来能够从容走动，最后甚至带着重物也能够跑起来。

到了行动的时候，余蛮子要求他们卸掉重物，此时这些追随者走起路来非常轻快，甚至能够飞起来。因此他们能够迅速在各地之间辗转奔走，而又不被抓到。

对于不熟悉东方的人来说，他们是不可能相信这样的人居然会有这么多的追随者，但事实就是这样。中国政府最终以官阶和大量金钱收买了余蛮子，让他不再闹事。

几个星期以来，一群余蛮子的追随者不断地威胁和恐吓我们。在一个狂风暴雨的夜晚，城镇的不同地方同时发生了两场大火，这时我们就知道摊上麻烦了。本以为暴风雨会阻止余蛮子的行动，但是我们想错了，他们仍然按照原来的时间和计划点着了火。

第二天早上我的同伴来告诉我，他去了火灾现场，看到有三个被火烧得遍体鳞伤的伤者躺在草席上。由于没有任何医疗救助材料，我也无能为力，所以就没有出屋。

一个小时后我的同伴又冲了进来，后面还跟着两三个中国人。他们说那些受害者的亲属已把他们抬到了一块荒地上，在他们周围堆满了木材，还往他们身上倒了汽油，说是要用他们来祭祀火神，因为火神已经在召唤他们了。

面对如此可怕的情况，我们能做什么呢？只能是无能为力。因为这些可怜的人所需要的帮助已经超出我们可援助的范围了，并且当我们帮助他们时，反而会让我们的日子不好过。在有生之年，我永远都不会忘记那种无能为力又令人悲痛的感觉。

我特意将这件事记录下来，是因为在我所听到的与中国人有关的事件中，这件最为极端。在中国人看来，因害怕河神而拒绝营救溺水之人是很平常的事，但与它相比这件事儿太极端了。

后来我们听到了一个消息——有二三百个叛乱分子遭到了沉重打击。他们跨过省界进入湖南，在那里杀了一个官员和他的女人以及一些仆人，后来被政府军包围在洞庭湖边的一个沼泽地里。

中国人饲养的猪长得又大又笨，并且非常黑。所以当我的法国朋友第一次把两头外国白猪带到北京的时候，当地人都觉得这两头猪长得太奇怪了。这些人认为它们太可怕了，肯定是他们去世朋友的灵魂正好投胎到了这两个怪物身上。

把这两头猪养得肥壮以后，我们找了一个伙计来给它们俩一个幸福的了断。但他一看到它们就吓得惊慌失措，没有任何勇气再去杀它们了。这时也找不到其他屠夫，于是我朋友不得不卷起袖子自己动手。

习俗几乎就是中国人的宗教，要想颠覆它需要谨慎、恒心和力量。如果有什么东西可以被习俗或祖先证明是合理的，那么无论它多么有害或多么不合理，都会被认为是正确的东西。

缠足就是这样。

法律已经明令禁止这种残忍而毫无意义的习俗，作为统治者的满族人从来就没有这样做过。汉族人却坚持遵从这种习俗，而且坚持者中女人比男人多。他们固执坚持的唯一原因就是它是一种古老的习俗。女孩儿们如果不缠足，将是一件冒天下之大不韪的事。

我经常和一些中国人谈论这个话题。他们也承认这样做除了给小孩带来痛苦外并没有什么意义。但他们还说，如果他们的女儿不缠足的话，就有可能嫁不出去，因为没有哪个男人希望自己的妻子和别人不一样。他们经常反驳说："不管怎么说，我们并不认为缠足的痛苦会比外国女人束腰的痛苦大；当然也不觉得它丑陋，更不觉得它对健康有害。"

中国人回顾过去是为了寻求灵感和指导，这与我们的做法正好相反。关心自己的新奇和变化，对他们来说似乎是一种习以为常的行为。

几年前我在北京注意到了一个很奇怪的现象——先前建立的规矩对日后的事情有很强的约束力。

环绕城墙的护城河的浅水区上，以前有一座桥。但随着时间的流逝，它逐渐腐烂，马上就要塌了。

由于拖延，这座桥几个月来一直没能重建。后来我发现，有两个人在这段时间内居然靠收取过桥费来谋生，因此他们强烈反对建一座新桥，理由是这座桥已经是他们的了。在众多亲戚的支持下，这两位苦力在我离开首都时成功抵制了重建计划，他们或他们的儿子很可能仍然会垄断那座桥。

中国的春节完全不同于欧洲的圣诞节。我们只把它看作一个宗教节日，而中国人在这个时候要做一大堆烦人的事儿，如置办年货、送礼、请客、放假，所有买卖也都停了，仆人们都忙疯了。

汉口有很多俄国殖民者，他们的势力在那里已经存在三年了。所有欧洲人都将元月一日定为新年，在那一天，女士们会待在家里精心制作茶点，希望所有熟人都能快点儿过来；而男人们无论是已婚还是单身，手里会拿着一大堆联系卡，轮流给每位女士打电话，祝她新年快乐——这个过程需要几个小时，非常考验男人的耐心。晚宴、舞蹈、中国朋友的来访和其他社交活动都给新年增添了节日气氛。

俄国人在新年即将到来时并不做这些准备。因为他们还生活在沙皇统治时代的旧习俗之中，他们更乐于过那些周年纪念之类的节日，到那时大家会喝着各种香槟，热闹好几天。

中国的农历与月亮运行规律同步，新年一般在每年二月左右，具体日期会前后浮动三到四周。

每年的最后几天是清算账目的最佳时机，所有账务都必须结算清，以便新年能有一个新的开始。在中国人看来，那些年前不能还清账目的人是要遭殃的。

伴随着噼啪的鞭炮声和喧闹的锣鼓声，新年就这样到来了。每一张愁容满面的脸马上就变得笑意盈盈了。大家早上都匆匆忙忙穿着盛装去赴宴，然后互相祝贺。商号会停业好几天，因为这是一个中国人非常重视的节日，所以在这期间你很难花高价让仆人放弃与家人一起过年的机会继续工作。这时候我都会给自己心理暗示，不要对他们发脾气，因为这样做无济于事，有可能还会给双方带来不愉快，甚至还可能要重新雇用新人。

在这段时间，当地官员和商人习惯于向那些与他们有商业往来的外国人送礼，以表示自己的善意。

你的仆人会送来一张尺寸为八英寸的红色贺卡，这是一位官员送来的，上面写着一些祝福新年的话。他还带来了一些不太贵重的礼物。接下来就会有三四名苦力抬着这些东西来了，礼物把这些人压得直喘粗气，礼盒里面装着火腿、雪茄、干果、茶叶、橘子和香槟。你要感谢对方送来礼物，然后私下咨询仆人应该留下点儿什么。因为按照中国传统礼俗，你需要回赠更多的礼物。于是我们挑了一盒茶、一两罐干果、一些桔子和一盒雪茄。我们赏给了那些苦力几块银圆，让他们帮忙捎去我回赠的贺卡，以表达我的新年祝福并感谢他的好意。

在上海时的一天下午，我正在炉旁取暖，门被轻轻地打开了，有两只手轻轻地将一只巨大的活火鸡放入房间，随后门被关上了。然后，那只火鸡开始乱飞起来。看了这只鸡几秒后，我开始尝试去抓它，但发现这不是件容易的事。它飞到餐具柜，又从那里飞到壁炉架，然后又飞到窗台上，把房间里的小玩意儿和照片弄得到处都是。它还跑到沙发和桌子下面，最后逃到了我的卧室，我在那里拼尽全力抓住了它的双腿。我把它拖出来的时候，它用力扑腾着翅膀，弄得我的床就像被扫把扫过一样，整个房间的灰尘和绒毛简直令我感到窒息。

它的脖子上挂着一个红色标签，上面写着一位中国商人的新年问候语。

所有划船的人在新年期间都会停止工作，然后找一个舒适的地方，亲自做一些令自己满意的美食，以此来享受新年时光。

在葡萄牙当局的严格监管下，澳门数百艘支撑香港市场运转的渔船整齐有序地排列在一起。遮阳篷竖立在甲板上，形成一个宽敞的空间，内部装饰着卷轴和灯笼，这样一家人就可以在船上过年。新年过后，所有的船都会挂上旗帜，再次出海。

他们喜欢的食物是各种鱼类，捕鱼的方法也很多。水獭、鸬鹚、蚊帐、篮筐和钩子，用这些东西在没有诱饵的情况下就能成功捕到鱼。但迄今为止，最令我印象深刻的捕鱼方式是我在汉口一艘蒸汽快船的船头上看到的。

那是一个寒冷的冬天，地面上覆盖的雪几乎有一英尺厚。我正在和船长一起吃午饭，他指着附近舢板上的中国人说："你见过那些人潜入水中捞鱼吗?"

因为我从来没有看过，就高兴地停下来观看。船上有三个人，其中一个人在划船，而另外两个人则赤裸裸地蹲在前面，用旧草席为自己遮风。到了一个合适的地方——水深可能在10到15英尺之间，船停了下来，两名潜水员立即跳入混浊的水中，几秒钟后就抓到了一条鱼，另一个人的嘴里还叼着一条鱼。

在我离开之前，他们潜了几次水，每次都有收获。船长很肯定地对我说，这是冬季长江上的常见景象，当时这些鱼可能正躺在寒冷的泥潭里冬眠。

在安庆附近完成为期两周的拍摄之旅后，我们要返回九江。这时我的船因为光线和逆风而晚走了几天。这些大风经常迫使我们停下来，否则大浪会把船掀翻。有一次，我看到三名船员乘坐快艇驶往岸边，在距离岸边还有 100 码的地方停了下来。他们在甲板上抽了一会儿烟便下了船，这时我可以看到他们在岸边溜达着，在泥里找什么，然后把找到的东西装进他们随身携带的桶里。我问一个船主他们在干什么，船主回答说"钓鱼"。当这些人回到船上时，我更加惊讶了，船上装满了鲈鱼，重量从八盎司到一磅不等。在此之前，我并不知道这种鱼栖息在中国的水域，或者说我从来没见过。

在我的家乡诺福克，那里的捕鱼方式与这种方式最为相似。在温暖的日子里，你躺在杂草丛中，用手指来逗鱼，然后突然从鱼鳃后面抓住鱼；但这不仅需要对当地水域有深入了解，而且还需要耐心和技巧。

我在国内经常被问的问题是，中国人都是很长时间不剪指甲吗？在中国，读书人不进行劳动有一个标志，就是他们左手留一英寸长的指甲。他们右手的指甲虽然也长，但与左手相比还是短一些。

读书人总是喜欢这样做——穿长外套，戴眼镜，让左手的指甲长一些。所以在中国，长指甲成了识别人们阶层地位的一个标志。人们羡慕他们，并不是由于对方的学术成就，而是由于对方的长指甲。这些长指甲对他们来说很珍贵，以至于我经常看到它们被银色护套保护着，听说一些极其讲究的人会将整个左手放在一个袋子里保护起来。

最近，西方女性的吸烟行为遭到越来越多人的反对。似乎有什么东西刺激着人们去谴责这种行为，我认为他们只是以此来来抵抗美女的诱惑。其实，西方女性只是步她们远东姐妹的后尘而已。在中国会有人说，吸烟的女人不男不女。

我不能确定有多少年轻女孩儿喜欢抽烟，但各个年龄段都有女性抽烟。她们使用的烟管要么是小铜管，要么是一英尺长的直木杆。有的是笨拙的瓷嘴，有的是黄铜水管，吸烟时发出令人不快的咕噜声。烟锅很小，只能容纳一两撮非常少的烟草，三四口就能抽完。当再往里填烟草时，就要用手始终按着，直到烟雾弥漫。这场景既不引人注意也不使人感到亲切。

中国人的户外娱乐活动很少。尽管通商口岸的道路非常适合骑自行车，也很少有人骑；即使有人骑，由于服饰的限制他们通常都骑女式自行车。在为数不多的消遣活动中，射箭被认为是最重要的娱乐活动。男孩子们能熟练地用脚踢毽子，一次能踢 12 到 20 个，并能把毽子从一个地方传到另一个地方。当我在北京问一个年轻人他如何度过假期的时候，他很自然地回答说，他已经在蟋蟀俱乐部待了一下午了。

我几乎不相信自己的耳朵。据我所知，北京从未举行过斗蟋蟀活动，即使是英国人，也没有合适的地方玩。直到我和他玩的时候，才发现他提到的是壁炉里的蟋蟀。而他所说的俱乐部其实是个赌场。年轻人把带来的蟋蟀放在一个盆里，它们为争夺冠军而决斗。一些有钱人会在他们的斗士上压很大的一笔钱，他们用稻草来激发这些蟋蟀的战斗热情。

在中国所有的水塘里，都能看到成群结队的家养鸭子。这些鸭群通常有几千只，被养鸭人和他的儿子们驱赶着，到处游逛，寻找合适的觅食场所。在长江上，我看见它们在江水中间随着急流成群结队地浮在水面上。负责看护它们的人则站在木桶里，将它们围起来。放鸭人手持长竹竿，灵巧地拨弄着任何一只可能从鸭群中落单的鸭子，直到它重新回到同伴身边。

很明显这些鸭子的年龄都是一样的，一个月、三个月，或是成鸭。在我看来这有点儿奇怪，它们是怎样被同时孵出的呢？

我曾和朋友在游艇上开了一个四人午茶宴会。当我们航行到澳门凼仔码头附近时，我们的游艇突然来到一片满是蛋壳的岛屿，远远看上去，它们就像一片睡莲。

我们大约用了一刻钟来数了一下这些蛋壳，可能有几万个。但一直不知道它们是从哪儿来的，直到船主人来到甲板上解释说，它们肯定是从孵出鸭子的孵化箱里扔出来的。我觉得很新奇，就问他详情。但是他说仅知道一点——孵化器是用粪肥和石灰制成的；鸭蛋一直埋在里面直到小鸭被孵出来。其他情况他就不知道了。从那以后，我做了很多调查，但中国人除了说一直存在着孵蛋的孵化器外，并不透露任何其他消息。

一位对中国人的生活方式非常了解的上层人士，心存好意想找出答案，但收效甚微，因为这是商业秘密，养鸭人不会泄露这个过程。然而，他确定孵化发生在早春，使用的是一种原始的孵化装置。鸭蛋被放在一个盖着稻草或棉绒的大篮子里，一个篮子里大约有1000个鸡蛋。篮子下面燃着木炭火，以保持孵蛋所需的温度。这项工作是在封闭的房间里进行的，始终有一个人在那儿照看鸭蛋。鸡蛋和鹅蛋的孵化过程也是这样。

无论这些由粪肥与石灰构成的孵化器是在露天状态下，还是在有炭火加热的封闭房间里，或二者兼而有之，有趣的是，孵化器在中国"一直存在"。那一大群鸭子已经充分证明了他们的做法是成功的。而西方人还一直坚信,孵化器是现代西方科学的巨大胜利!

另一件小事也引起了我的注意。最近有几篇文章说,通过拇指画押登记罪犯的新制度获得了良好效果。

对苏格兰人来说,用拇指画押可能是新事物,但中国古已有之。我总能看到一些不识字的人在拇指上抹上墨水,然后在文件底部做标记。这样的拇指画押完全相当于完整的签名。

第九章

一个故事

赣州市位于江西省的赣江旁边，这条江向北流入鄱阳湖，并最终流入长江。一位名叫秦宝廷的商人，和他的妻子以及年幼的儿子住在赣州市的近郊。

　　和大多数中国商人一样，秦先生也经营着一家商店。虽然是一家零售商店，但实际上是做批发生意。1892 年初春的一天，秦先生聘请了当地一个叫王福林的年轻人担任会计和秘书，王福林非常聪明能干。秦先生不仅对他非常友好，而且还想以后要和他合伙。我不知道秦宝廷的具体业务是什么，但每年他都会离家几个星期或几个月去其他省份。一年一度的外出远航在即，有四艘船装满了各种货物，第五艘船和一只更小的船则供秦宝廷和他的助手使用。这个助手是第一次和他的主人一起出航。在中国人看来，这艘船很舒适。船舱两边都有长凳，后面有一个平台，上面有一张小而低的桌子。桌子上面放着传统的香炉，里面有香；桌上还有一尊镀金佛像，秦宝廷总是随身带着它。

　　到出发的那一天，一切已准备就绪。秦宝廷鞠了一躬，挥了挥手跟他的妻儿道别，然后和王福林一起出发了。他带着价值相当于 5000 银圆①的银子和金子，在告别的鞭炮和锣鼓声中，带领船队顺流而下。

在到鄱阳湖长达 200 英里的航程中，除了连接大河的水道季节性干涸外，没有发生什么意外情况。

长江的源头在喜马拉雅山脉。冬天和初春的时候，这些高海拔地区的深雪都冻上了，长江只能以当地的雨水为补给，因此河水的水量逐渐缩小，比夏天和秋天的水位要低 40 英尺。当炎热的天气融化了中亚的雪，再加上暴雨，河床中就充满了深厚的棕色水流。这些水流泛滥到长江流域所有的湖泊、支流和无保护的低地之后，向东涌向海洋，形成一股不可抗拒的泡沫洪流。

在赣江蜿蜒泥泞的航道上艰难航行 20 多天后，船队终于来到了鄱阳湖。这里水位低，河岸高，大船基本不能航行。此时的鄱阳湖，并不是夏天的那片壮观的水域，而是冬天的湖泊，只有最大时的十分之一，成了一条宽阔而缓慢的河流。两岸是无边无际的泥沼，到处都是沙锥鸟和野鸟。又航行了几天后，能够感觉到宽阔沼泽地上吹来的微风。到达湖口后，四艘小船上的货物被搬到一艘大船上，目的是把它运到河的西面，而秦宝廷和他的助手则在岸上找到了一个很好的住处。货物转运一完成，秦先生就写了一封信，让返回赣州的船员捎回去。

空船如期到达了赣州，信件如实转达给了秦夫人，这是丈夫回来之前的最后一封信。秦夫人只能听天由命，再忍受数周的痛苦。

---

① 当时约合 600 英镑。

几周的时间又延长为几个月，等待的女人开始为她丈夫的安危感到焦虑。

闷热的夏天来了又去，秦先生还是杳无音讯。

秦夫人询问了一些过往船只，尽管许多船员都认识秦宝廷，但从来没有确切的答案，谁都没有关于他的详细消息。

秋季、冬季仍没有消息，这个可怜而哀伤的女人感觉到灾难可能已经降临到她丈夫身上，她再也看不到他了。

中国人的早婚几乎都是由父母包办的，年轻人即使年龄足够大，也没有发言权。后来，多妻制虽然并不流行，但也普遍存在，名声也没那么坏。

社会阶层比较低的男人，一般只有一个妻子，因为无力承担太多。但男人一旦富裕起来，社会地位上升，他的第一个念头就是再娶一个妾室，妾室的排名远低于第一个妻子。同样，第三名排在第二名之后，以此类推。在富裕家庭中，一个男人有四五个妻子是常见现象，我的一个老朋友在死的时候已娶过十六个妻子了。

丈夫在婚姻关系中的责任，主要是为家庭创造物质财富；而家庭的荣誉，则在于妻子是否恪守妇道，妻子在这方面稍有不端，就会受到她丈夫和他整个家族的严厉惩罚。寡妇很少再嫁，对去世的丈夫保持忠诚，是一个贤惠女人的责任和骄傲。在中国辽阔的大地上，几乎每个村庄都可以看到为寡妇们设立的牌坊。

秦夫人也像所有东方妇女那样一心一意深爱着丈夫，可能她认为这是她义不容辞的义务。我不知道是爱情还是责任使她产生这种想法，那就是在打听了各路消息而无望以后，她决定自己去寻找失踪的丈夫。她把商店里所有的东西都卖了用作路上的盘缠。这个可怜的女人抛弃了一切，背着肩上的孩子，怀着悲苦之心离开了她以前的富裕家庭，开始了几乎无望的寻找。关于她辗转漂泊的消息，我没有得到任何记录。由于东方人的神秘思想，她甚至拒绝谈论这些事情。但在 1893 年严冬，她独自一人逆流而上，从湖口到了九江。她和孩子在路上以乞讨为生，继续打听着丈夫的消息。一次偶然的机会，她在一座破败的宝塔里过夜。这座塔矗立在城墙外悬崖上的河流边。她把出来找丈夫这件事讲给一个住在这里的老和尚听，然而得到的依然是否定的回答。

可是在早晨当她要开始每天的长途跋涉时，老和尚来了。在念了句"阿弥陀佛"后，老和尚说夜里他想起来一件事：他曾经发现一具男尸赤身裸体地躺在对面的河岸上，大约已有 18 天了；他按照佛教礼仪，小心而虔诚地埋葬了他。

这个可怜的漫游者似乎终于看到了她艰难的寻找有了回报。她跟着和尚来到河边，他们把小而漏水的小船拖到了泥地上。又费了很大劲儿，才把破旧的小船弄下水。和尚划着它，越过宽一英里多的河流到达了对岸。那里有一个坟墓，仅高出水面一点。她把松散的沙子和碎石扒到一边，揭开那个简陋的棺材的盖子，里面那具腐烂的尸体已经面目全非了。这个女人一下就把手指伸进那个破烂的地方，举起了死人的一只手臂，上面居然有一只玉镯。她立刻就把自己的手臂给和尚看，上面有一个同样的镯子。

中国人有一种普遍做法：夫妻两人把一对玉镯分开，每人戴一个，意思是"和你在一起"。这和我们的米斯巴戒指的意义是一样的。

那个女人好像变成了石头。她一动不动，脸色铁青，目光呆滞，一只手搭在棺材上，另一只手抓着尸体腐烂的手臂，两只手镯并排放着。

和尚默默地走了，把活人和死人留在了一起，划船过河回到了自己的家，一次也没有回头。因为他没有好奇心，只是有着东方人对生死深刻而又神秘的理解。

女人待在草堆和沙堆间那孤寂的坟墓边，不在意寒冷和潮湿的雨水。很长一段时间，她一动不动，好像也死了。后来她把头向上移动了几下，代表了她无声的痛苦。她苍白的嘴唇不时发出低沉而颤抖的呻吟。起初几乎听不到声音，随后哭得越来越厉害，直到全身抽搐。她呼唤着丈夫，呼唤着他的名字，她渴望给他精神上的祝福。像东方的习俗一样，她用全部的灵魂、全部的力量和绝对的忠诚，长叹一声，为死去的亲人哀悼，直到精疲力竭，她才睡着。

和尚返回来时天已经快黑了，他找到了被雨水淋湿的女人。她的头发散开了，落在沙子里。他轻轻地叫醒了她，说着安慰的话，拿出盛着米饭和烧酒的两个小碗，还有一些香和几支小蜡烛。可怜的女人拿着这些东西，没有任何表情，因为她的感激之情太深了，无法表达出来。她虔诚地把碗、点燃的蜡烛和大量燃烧的香放在坟墓周围。

接下来她在尸体前磕了几个头，盖上棺材，往上面撒了一些沙子，然后神情恍惚地跟着和尚到了船上。她的丈夫死了，她悼念他，在他的坟墓前烧香，除此之外这个可怜而心碎的女人还能做什么呢？

我不知道她当时的意图是什么。但几天后的黄昏时分，她从九江回到宝塔时，在一个偏僻的胡同里被一个人拦在了西门外。那个人说："你丈夫是在10月初被王福林杀害的，王福林现在住在汉口。"天太黑了，她看不到那个男人的脸，也不熟悉那个声音。他可能是失踪船只上的一个水手，因为有些委屈想要报复王福林。从这些话对这个就要崩溃的女人的影响来看，这可能是上帝给她的一个启示，为她重新指明了自己的责任。她找到了她的和尚朋友，并把遇到的情况讲给了和尚，还说她现在就要去汉口找杀人犯，只有将那个罪犯绳之以法，她丈夫的灵魂才会安息。

　　我不知道她是怎样从九江走到汉口的，但可以肯定，她是沿路乞讨才来到这个地方的。不久以后，她就在一家很大的店铺里认出了王福林。而王福林没有认出这个既虚弱又蓬头垢面的女乞丐，她已经不是那个富裕的秦夫人了。在其他几十个乞丐中间，几乎没有人注意到她。所以，当她仔细观察商店里的东西时，她能够始终站在商店门口而不引人注意。除了其他一些东西，她还认出了她丈夫带走的那个镀金的佛像。她下一步所要做的，就是争取能够得到当地治安官员的接见。为此，她不得不花费了很大一部分剩下的钱，以贿赂衙门官员的下属。此后他们才同意将她的案件提交给官方。等了好几天，官方同意审理此案。她跪在法官席前，控告王福林杀了她丈夫。法官听了她的陈述，最后说："你指控这个人谋杀，但没有拿出证据来支持你的陈述，空口无凭的指控不合法。如果你能提供任何实际证据，我们就会采取行动。"秦夫人说，她在王福林的铺子里看见了一尊金灿灿的佛像，那是他丈夫出航时带的物品。许多年前，她在赣州不小心碰坏了这个佛像的鼻子，为了把这个坏的地方补上，她熔化了一个金耳环，修补好了佛像鼻子。因此，如果发现这个镀金佛像有一个金鼻子，法官就会知道她说的话是真的。这位官员回答说，他可以把这个作为确凿证据，并立即对其进行核实。于是法官派他的一个助理带着秦夫人去了商店。王福林被捕了，镀金的佛像也被带到了衙门里。他们很快就发现这个佛像上的金鼻子，正如秦夫人说的那样。

知道自己翻案毫无希望，也忍受不了严刑拷打，王福林这个可怜虫供认了自己的罪行。小时候他就听说过秦宝廷每年都有一次西行。并且，当地人的谣传把这个商人的财富夸大到了极点，把他和他的商品当作一艘名副其实的宝船。年轻的时候，王福林来到九江，想方设法要在秦宝廷西行时抢劫他一次，希望能够一夜暴富。他在码头附近的一个鸦片馆里当服务员，接触到了许多地位卑微、生活上也没什么希望的小人物，在其中认识了一个在鄱阳湖和西部各省之间来往干活的人。

两个人之间渐渐产生了密切关系，最后合伙恶毒地谋杀了秦宝廷，并抢走了他的货物。正如我们以前所知，王福林到了赣州，不仅进了秦宝廷的商行，而且还赢得了他的尊敬和信任。

在第二年的例行出航中，在湖口等待的那艘大帆船，就是靠王福林的精明算计停在那里，并以特别优惠的价格租下的。

不用多说，这艘船是王福林同伙的，所以这个不幸的商人一上船就在劫难逃。在航行的第一天晚上，他在睡梦中遭到袭击，被拳头打昏并被扔下了船。船在九江停了下来，王福林的同伙们拿到了沙金和马蹄银作为共享的战利品，随后便上了岸；而王福林则带着帆船和船上的货物作为他的资本。他把全体船员运送至汉口，在那里他用非法获得的收入筹措经商。

审讯结束。遭受一番严刑拷打后，王福林被拉了出来。他在昏迷状态下被带到关押罪犯的地牢里。在那里，他的丝绵衣服很快就被脱去，并换上已经沾满人血和布满虫子的硬邦邦的红色狱服。这是罪犯定罪后，要被行刑之时才被迫穿的衣服。一根铁丝残忍地从他的锁骨穿过，拴在一根石柱上。他接下来的命运，要么等着被处决，要么就是在这散发着臭气的地牢里腐烂而死。

当局在经过长时间协商后，决定要把囚犯在九江斩首示众。九江是这个地区的中心，官方会在这里公开宣判他的罪行。

这个可怜的人依旧穿着深红色的狱服，身上拴着铁链被人从牢房里拖了出来。他骨瘦如柴，皮开肉绽，根本站不起来。于是狱卒便用细铁丝牢牢绑住他的手脚，并用一根竹竿从中间穿过，他就这样被两个苦力抬到了街上。没什么人陪着他，他像一捆破衣服般被扔到警察管控的舢板上。这样的折磨简直生不如死。

王福林供出了其他同伙的信息。于是有两个同伙被抓住了，但还有两个同伙成功脱逃了。

现在正值盛夏，从九江城墙向南眺望，平静又宏伟的景象尽收眼底。极目远眺，便能看到庐山，那耸立的山峰上洒满了落日余晖。近处，枞木和杜鹃花漫山遍野，像毯子般绵延起伏直至湖边。这样的美景就在山和城墙之间。一条狭长的小路从城镇中延伸至山脚下，将湖泊一分为二。小路的尽头是一大块平地，上面满是陶瓷碎片和成堆的废物。这里人群熙攘，与往常的隐居生活形成了鲜明的对比。不一会儿，城镇那头出现了两三个骑马的人和一群队形混乱的士兵沿着这条小路快速行进。紧随其后的是由苦力抬着的、挑在竹竿上的三个红色大包裹，此外还有很多士兵和少数几个坐在轿上的官员紧随其后。

这支步履匆匆的队伍被淹没在熙熙攘攘的人群中，人们都试图借着迷人的景色来平复内心既愤怒又害怕的心情。半小时后，这支官兵队伍又和他们去的时候一样，飞快地返回来了。人们渐渐地开始在水边闲逛、大笑、嬉戏，并且拿刚才目睹的那些恼人的场景尽情寻乐，情绪平复后又从城门返回城内。

第二天早晨，三个示众的篮筐挂在拱门上端，每个篮筐里装着一个人头。王福林和他的同伙得到了应有的下场。

赣州要立一座贞节牌坊，纪念秦宝廷的这位遗孀，这样就可以把她的贞洁品行记录下来，供后人瞻仰。

第十章

我的观点

人们经常会问我一些问题，"你觉得中国人怎么样？"这是所有问题中最常见的一个。然而，每次在回答这个问题时，我都会深思一番究竟该怎样回答。

　　不能说我喜欢他们，因为总体而言，他们是一个既没有吸引力又不讨人喜欢的民族。但是，所有客观公正的观察者都会承认，中国人还是拥有许多优秀的品质和特点的。

　　中国人对我们的反感情绪根深蒂固，是全面了解他们的主要障碍，不过这主要是我们莽撞的行为和傲慢的态度所造成的。但是持排斥态度的只是少数人，他们还是很乐意看到欧洲人的，乐意看到欧洲的文化、传教士以及贸易一起来到中国。我们总是习惯在不如我们的人面前炫耀自己，尽管这种做法并不讨人喜欢；另外我们也知道，我们在这个国家中是凭借武力才有了立足之地。这种认识，除了会给我们带来无声的敌对压力外，也会导致我们对中国人持以敌对态度。我们总是处于敌对状态，或是自卫性、攻击性的状态。欧洲人与亚洲人的生活方式完全不同，这让他们互不喜欢。因此，与商业往来比较起来，其他方面的往来不仅难以做到，也几乎是不可能的。我们不想主动了解他们的生活方式，他们也不想了解我们，因此，在这种沉默状态下，彼此之间没有社会交往。

在许多人的想象中，中国人似乎是非常浪漫而又风雅的人群，是精灵古怪、柔弱却充满神秘色彩的人群。

但最为确定的一点是，他们并不浪漫，而是会用残酷的现实主义眼光来看待事物。

说中国人柔弱，这种观点并不正确。在我看来，在一些事情上他们确实柔弱；但在其他一些事情上他们则十分刚强。

英国军舰的舰长告诉我，中国人不屑于在生存方面做斗争。毋庸置疑，他们在军事上能力不强。但他们却是最讲究实际的人，因为他们没有军人的荣誉感。如果预先知道没有打胜仗的可能，他们便会选择时机从容逃跑，而不是勇敢战斗直至牺牲。

假如从我们的军队中选出一个最好的军团，停止他们几个月的供给，没有军官的指挥，带走所有的医生和医疗药品。然后让饥饿的他们手持军旗、长矛和长枪前去对抗欧洲最好的军团，那么他们也会陷入和中国军团一样的境地。我不能说中国人是勇敢的，但是我相信，如果让他们接受优秀的训练，给他们提供优质的医疗和公平的获胜机会，他们会证明自己的强大。

中国人非常关爱小孩儿和老人，很多人留着长指甲。由于吸食鸦片会带来困乏，他们时常扇着扇子。他们穿着长袍留着辫子，做着在其他国家应该由女人做的家务活，这就是中国人被认为柔弱的原因。

说他们神秘可怕，我毫无异议。中国人大脑深处的想法，我们从来琢磨不清。面对同一个对象，我们会从不同视角表达彼此的想法，并在交谈结束后展开批判，而他们却总是很沉默。他们聆听我们的说法并表示赞同，但依然会坚持他们自己的想法。我们总想着用道理解释一切，而他们却不会，他们单凭信念来看待事情。

在我们内心深处，通常不确定是否有唯心论、性善论、性恶论、神灵、梦境、鬼魂和其他一些抽象的东西，而中国人对这些却深信不疑。但是，我们知道自己通常是怀疑主义者，所以为了避免对既定事实做无用争辩，为了避免遭到非难，我们默认他们不相信。

在和一些有教养的中国人打交道时，许多外国人的行为做作而虚伪，好像自己是一个独裁者或凶手，时刻留心周围的一切并不断去挑剔、抱怨。我自己的观点是：不论这些中国人属于哪个阶层，外国人都应采用自然且有礼貌的举止来对待他们，就像对待自己的同胞一样。许多外国人总是批评我，因为我总是积极回应中国人，并时常感激中国人把我看作一个普通男性，而没有看作来自其他种族的另类人物。

他们生活中很看重"面子"。不论发生什么，只要一个人能挽回他的面子，就是抓住了自己的机会。我们总能听说他们做生意时讲诚信，尽管他们坚持公平交易原则，但仅仅是希望保全面子，这无疑是非常好的一种品质。我对此没有过多的怀疑。一个中国商人，在完全确定不会被外人知道，不会搞得太丢脸的情况下，才会违背自己的意愿与你做一笔买卖。"颜面"也称为"面子"，是一个中国人社会地位的证明。因此它也被赋予商业价值，但这与隐含的荣誉和道德原则没有任何关系。诚信比欺诈更能受益，这是我们都知道的事实，并且这是在大的商业活动中商人必须坚守的准则。而对于小的交易活动来说，诚信不一定受益，因此，人们不一定会选择诚信，反而会选择欺诈。

与中国人交往，首先要控制住脾气。我不是说一个人不应该有脾气，相反，一个人只有很好地将脾气控制住，才会具有明显的优势。一个易怒的人，身上那令人焦躁的气质很容易让别人不尊重他，而且也会弱化他的控制力。相反，一个人在任何情况下都能保持镇定，并能在最恰当的时刻控制住将要爆发的坏情绪，总会令人心服口服。如果一个人一遭指责就情绪大变，那么向外喷发的怒气一定会带来许多麻烦。

除了实际生活中的正当防卫，你在其他任何情况下都不要刺激中国人。你所遭受的痛苦或辱骂，与你在当地人眼里身败名裂相比，是微不足道的。因为经过大家的评价，你会马上成为大家蔑视且讨厌的对象。

中华帝国比整个欧洲还要大，自然资源取之不竭，还有四亿国民——这些自强不息的百姓有着共同的血缘、语言、传统和宗教。这个民族，直到近代才被看作世界的一部分。虽然在西方人看来，她的政府正处在无法挽救的衰败中，但在所有事情上其自身力量也足够强大，在军事和文化方面也取得了很大的发展。

完全是自身的原因，使现在的中国人处于一种麻木状态。然而，世界各国已借助蒸汽和电的力量在不断缩小彼此之间的距离，因此，中国人再也不能像以前那样泰然自若了。此外，由于其他国家对财富的疯狂掠夺，导致他们承受的压力也越来越大。现在，他们所能选择的只有屈服。在未来，他们会尝试通过改革自身来阻止这种不可避免的后果吗？目前来看，他们在一段时间内还会处于外国统治之下，直到增长了自己的本领，然后才能争取统一和独立自主。

他们拥有财力、物力、人力、节俭的优秀传统、强健的体魄、信心等坚实的基础，就差一个好政府带领他们不断发展壮大。对中国人而言，无论国家是兴起还是衰败，未来都充满了无限希望。

汉语就像中国一样，博大精深！

大体来说，普通话或官话是这个国家所有官员都使用的语言，并且在长江以北的省份，所有的授课也使用这种语言。而在长江以南，尽管其他方言也很多，但广东话是主要方言。此外，同一地域中语言的发音差异也很大，人们即使只相隔几英里远，往往也很难理解对方的话。

曾经有一次，我带一个北京小男孩去日本做一次短途旅行。因为错过了每两周一次的邮轮，从烟台起我就挤在一个德国运煤船的通道里。当到达长崎时，我乘坐黄包车去旅馆。那里的街道上到处都能看到中国人的身影，其中很多人都是一些小型商船的成员。能在异国他乡见到同胞，这个小男孩十分高兴。午饭后，我打算去参观一下这个城市，这时他问我这段时间他是否可以到外边与他的同胞们一起喝茶。我同意他去，但几小时后，他带着沮丧的心情回到旅馆，原因是语言不通。他说在长崎的中国居民都是广东人，听不懂普通话，因此彼此间为了更好交谈，他们要尽力用英语和其他语言混杂而成的不规范语言进行交流。

北京人看外地人时总带有歧视性眼光，时常认为自己优越于其他中国人，视其他中国人为"外地人"。

中式英语是一种直译出来的语言，其中又带有少量葡萄牙语和法语混合而成的很奇怪的语言，经常会出现相似读音词的不规范替换，尾字母是"ee"和"o"的词则有非常丰富的译法。

"S'pose you wantcheecatcheeolo chinaware, compradoresaveztalkee my"，这句话的意思是"如果你想得到一些中国古瓷器，请麻烦你的中国代理人告知我（If you want to get some old chinaware your Chinese agent will let me know.）"。同样我还听到"two times twicee"，也就是"twice two"，四倍的意思；"last day – night"就是"last evening"，昨晚的意思。

单词"pidgin（洋泾浜英语或混杂语言之意）"意思为任何种类的组合，正如"大量的混杂语言"。洋泾浜英语只是一种由商人、差役和苦力混杂起来使用的通俗英语，与学校中教授的英语相比有很大的区别。

在北部的边界地带也存在着混杂使用俄语的情况。

中文书面语言到哪里都一样，中国人认为汉字有八万到十万个，每个字都能指代一个完整的词，所以在读、写出一个句子之前，要像我们记忆字母表中的字母一样，必须仔细钻研并努力记住句里面的每个字。不同的是，英语字母表只有26个简单的字母，而中文的书面用语包含着大约十万个非常复杂的汉字。

从童年直到去世，学生对中文的学习似乎从未停止，然而这还远远不够，他们需要把这些字记下来，并且用它们写成中国文学引以为傲的优美诗篇与散文。

在中国，书法是一门高超的艺术。日复一日，年复一年，人们用蘸满墨水的毛笔艰难地临摹字帖，把块状或棍状形式的墨用砚石磨开，这同印度人的磨墨方法很相似，同样是把墨置于石板或砚台上，浸湿后再研磨。用毛笔书写的字刚毅且秀美，胜过铜板上的刻字。对于尊崇书法的人来说，损坏写有文字的纸是在贬低他们。因此，一些讲究的文人墨客有时会沿着街道行走，把那些不合规矩的纸都放在篮子里，然后拿到一些公共场地上的专用塔里烧掉它们。

尽管学到的书法、与汉字相关的知识、作文及历史都有限，但求学经历被认为是最光荣的事。中国人认为，没有人能彻底掌握自己国家的语言或学会所有的汉字。

那么外国人对于中文这门语言的了解又是怎样呢？打个比方，那种状态就好像老鼠在山洞里一点点地吃东西。

经过两三年的刻苦学习，一个有良好记忆力和灵敏听力的欧洲人，或许只能成功地说一些只有自己才听得懂的话，只学会少量日常用语。所以在黑暗中，中国人从来不会认错人。

至于汉字书写，我认为欧洲人学得不会比口语更好。一些传教士，特别是基督徒，他们将自己的一生奉献给自己的事业，并投身于古典文学以及与宗教教义有关的重要学识研究中，但当他们面对一些当前使用的商业票据或其他文件时，立刻就会困惑起来。

一个人或许已经掌握了八千到一万个汉字，并且能读出或辨识任何物体上的文字，但即使这样，他可能仍旧很难读出来大多数古典文献上的一行字。

我听说过一件了不起的事——一个外国人能够用中文写一封信。虽然这并不是说他的写作没有错误的地方，但实际上这已是不寻常的事了。

大多数欧洲人学习中文的能力还是比较强的，他们在艰难的学习过程中，都能得到受过良好教育的中国人的帮助。而没有接受帮助的人，他们也能够准确读出文中大部分内容，但很可能完全理解不了这些词的意义，并且当再碰到这些字的时候，极有可能还是不认识。

至于书写，这更是不可能的事。不管那些未受帮助的人打算写点什么，这个初学者的作品从来都不会符合汉语的书写要求，并且书写的笔迹看起来也很吃力、很粗糙。因为中国人用毛笔写字，而我们拿钢笔写字，两者差异很大；如果没有从小练习，当你的筋骨长成以后再学，书写中文的巧妙技法就很难掌握了。

汉字书写中的"草书"，与我们的速记法有相似之处，但我并没有认真考虑过这个问题。

哪怕是参加一个普通考试，即便是一个最简单的文学考试，我想没有一个欧洲人能轻易通过。

也许有人会问，为什么我们达不到那种水平，甚至是受过一般教育的中国人的水平？

因为，没有一个欧洲人能从童年开始，就把所有时间都用在潜心研究中文上。即使他能这样做，我也很想知道如果这两个国家之间没有任何社会交往，那么他的母语会不会满足他那充满想象的头脑呢？可能坚持不懈才能做到吧！

另外，中国人天然熟悉自己的语言，几千年来一直是他们周围的环境培养了这种本能，这一点是毋庸置疑的。中国人的性情与中国语言和文字相适应，就像他们呼吸空气一样自然，即使他们不会阅读，但在一个短语中只认识几个字就能理解它想要表达的意义，就像一个训练有素的猎犬会追踪一样。

尽管欧洲最聪明的那些人花费了很长时间和很多精力去学习中文，但由于缺少这种与生俱来的本能，所以他们永远无法真正学会中国语言。

在 40 多年前第二次鸦片战争结束的时候，中国对欧洲人来说是名副其实的黄金之国，外国人在那里轻而易举地就获得了超额利润。财富以惊人的速度被创造出来，并迅速流入外国商人和他们的员工手中，以至于他们的生活水平达到了相当奢华的程度。但事情总有它的反面，本应一直富裕的地方却显得有些破败了。

从那时起到现在，这种极度繁荣开始下降到了中等水平，毫无疑问这是个渐进的过程。

那么导致这种下降的原因是什么呢？

40 年前，英国人几乎垄断了所有的对外贸易，他们只需要把货物放到任何一个新开辟的港口，就能以任意价格卖给中国商人。当时的中国商人对外国商品几乎一无所知，也极为害怕自己的官员。随着时间的推移，这种无知和恐惧越来越少，直至中国买家与英国商人直接近距离接触。在港口交易的中间人消失了，他们的业务也转移到了香港和上海的大商场。同时，美国和其他欧洲国家的商人也蜂拥而至，为中国市场带来了商品，从而给当地买家更多的选择，竞争也因此而起，这对英国获得超额利润是致命的打击。

尽管中国进出口贸易额每年都在不断增加，但贸易越来越集中在少数几家有竞争力的欧洲大公司手中，而中国各地的商人又直接和这些大公司交易，这样就把那些做小买卖的外国人排除到市场之外。

商业利润减少的另一个原因是斯里兰卡和印度茶叶的竞争，中国与英国的茶叶贸易已经停止了。尽管大量的茶叶仍然像以前一样从中国出口，但几乎都流入了俄罗斯。因为这项贸易掌控在俄罗斯垄断者手中，其他国家的机会很少。不过在将来，俄罗斯人很可能也会像我们一样，放弃中国的茶叶转而喜欢斯里兰卡和印度的茶叶。

同样，这里的航运生意最初几乎都是英国人的，但后来逐渐被中国有钱人接管了。这些船队名义上是外国人的，而实际上都是本地人的生意。

人们普遍认为，通过开放中国的铁路、内河航运、内陆关税，外国人将会获得巨大优势，并能迅速积累财富。这一点应该得到肯定。

只要有贸易机会，我们就找精明的中国商人一起合作，因为他们有大量的本地资本可供使用。这样西方人也能获得财富，虽然并不是很多。

当西江在几年前开放为航运线路时，很多人都信心满满地认为它肯定会大大促进外资航运事业的发展。但根本不是那么回事儿。在最近去梧州的一次旅行中，我看到几十个甚至上百个小船和汽艇，上面载满了货物和乘客，但他们都是中国人的船只。唯一能看到的外国船只，仅仅是几艘炮艇，还有几艘轮船，而且这些船只几乎都入不敷出。

这种贸易衰落的主要原因，可以解释为西方人允许中国商人参与贸易竞争。中国商人非常精明，还占有国内市场的绝对主导权，商品也比欧洲的更便宜；他们通过直接控制一些大贸易中心，从外埠挤走了一部分外国商人。

从事大宗进出口业务的公司，尽管在银价波动中不断受到干扰，但生意应该很兴隆，而实际上财富却只流到了极少数人的手里。当一个人从自己的国家来到这里希望通过投资能够挣更多的钱时，结果会发现机会却少得可怜。就连富有的议员们在调查后也得出了这样的结论：在其他地方投资比在中国投资更有利可图。

获得政府正式任命的一些外国人收入相当可观，他们大多是英国和其他西方国家在中国的雇员。

一些从业者以男性居多的职业，如医生、律师、牙医等，无论他们为中国人服务还是为外国人服务都能挣到钱。而对于船长、官员、轮船工程师、码头与工厂工程师、各大学的教授、矿业专家和铁路建造师来说，目前需要提高他们的薪金待遇。考虑到气候、远离国内以及银价持续下跌这些因素，说居住在远东的这些居民收入很高，这不太靠谱。

二三十年前，四个银圆就可以换一镑英国金币。一个月400银圆的工资，一年就能挣1200英镑。而现在银价暴跌，12个银圆才能换一镑英国金币。现在一个月400银圆的工资，相当于一年挣不到400英镑。国内的人们普遍认为，只有在使用银圆的国家购买白银才会有这种情况，这是相当错误的看法。中国虽然使用银子，但中国四亿人所认定的价值标准既不是银子也不是金子，而是铜钱，所有商品的最终价值都由铜的价值来衡量。

几年前，一个苦力的工资可能是每月6000个铜板，一个银圆可以买到1000个铜板，你一个月也就给他6个银圆；而今天，他的工资可能仍然是6000个铜板，但一个银圆只值500个铜板，所以你每月就必须给他12个银圆。肉类、煤炭以及蔬菜等物品的价格与此相同。

所有进口的商品，如服装、红酒等都必须用白银来支付。然而你现在必须按国内的银圆汇率，以高出以往三倍的数目与经销商结算，换句话说，现在的白银已经贬值了，在全球的购买力大大低于以前的水平。

对于一个以银圆为单位来计算薪水的人来说，住在远东的生活成本是 25 年前的两倍多。对于那些直接投资大企业的人来说，他们的收益主要来自白银和黄金，以及那些在白银价值暴跌之前投资的股票。过去许多年，我们一直遭受着巨大损失，未来更令人担忧。

简而言之，在中国只能获得很少的财富，而钱又很容易被花掉。所以，除非一个人在离开自己的国家之前就在一个好的商业公司有固定的职位，或在政府中任职，或有一技之长，否则到中国之后再找工作就是非常不明智的做法。

图书在版编目（CIP）数据

在中国生活和运动／（英）奥利弗·G.雷迪著；马成昌译著. —北京：中国文史出版社，2018.11

（近代世界对华印象／韩淑芳主编）

ISBN 978 - 7 - 5205 - 0816 - 2

Ⅰ.①在… Ⅱ.①奥… ②马… Ⅲ.①中国历史—近代史—史料 Ⅳ.①K250.6

中国版本图书馆 CIP 数据核字（2018）第 264858 号

责任编辑：李军政

出版发行：**中国文史出版社**

社　　址：北京市海淀区西八里庄 69 号院　　邮编：100142

电　　话：010 - 81136606　81136602　81136603（发行部）

传　　真：010 - 81136655

印　　装：北京地大彩印有限公司

经　　销：全国新华书店

开　　本：710 × 1020　1/16

印　　张：10.75

字　　数：100 千字

版　　次：2019 年 1 月北京第 1 版

印　　次：2019 年 1 月第 1 次印刷

定　　价：38.00 元